心一堂術

數古籍珍

本叢刊

書名：馬泰青自批注《地理辨惑》

系列：心一堂術數古籍珍本叢刊　堪輿類　第三輯

作者：【清】馬泰青

主編、責任編輯：陳劍聰

心一堂術數古籍珍本叢刊編校小組：陳劍聰　素聞　鄒偉才　虛白盧主　丁鑫華

344

出版：心一堂有限公司

通訊地址：香港九龍旺角彌敦道六一○號荷李活商業中心十八樓○五─○六室

深港讀者服務中心‧中國深圳市羅湖區立新路六號羅湖商業大厦負一層○○八室

電話號碼：(852)9027-7110

網址：publish.sunyata.cc

電郵：sunyatabook@gmail.com

網店：http://book.sunyata.cc

淘寶店地址：https://sunyata.taobao.com

微店地址：https://weidian.com/s/1212826297

臉書：https://www.facebook.com/sunyatabook

讀者論壇：http://bbs.sunyata.cc/

版次：二零二三年三月初版

平裝

定價：港幣　　一百五十八元正

　　　新台幣　　六百八十元正

國際書號：ISBN 978-988-8582-91-4

香港發行：香港聯合書刊物流有限公司

地址：香港新界荃灣德士古道二二○─二四八號荃灣工業中心十六樓

電話號碼：(852)2150-2100

傳真號碼：(852)2407-3062

電郵：info@suplogistics.com.hk

網址：http://www.suplogistics.com.hk

台灣發行：秀威資訊科技股份有限公司

地址：台灣台北市內湖區瑞光路七十六巷六十五號一樓

電話號碼：+886-2-2796-3638

傳真號碼：+886-2-2796-1377

網絡書店：www.bodbooks.com.tw

台灣秀威書店讀者服務中心：

地址：台灣台北市中山區松江路二○九號一樓

電話號碼：+886-2-2518-0207

傳真號碼：+886-2-2518-0778

網絡書店：http://www.govbooks.com.tw

中國大陸發行　零售：深圳心一堂文化傳播有限公司

深圳地址：深圳市羅湖區立新路六號羅湖商業大厦負一層○○八室

電話號碼：(86)0755-82224934

心一堂微店二維碼

心一堂淘寶店二維碼

心一堂術數古籍 珍本 整理 叢刊 總序

術數定義

術數，大概可謂以「推算（推演）、預測人（個人、群體、國家等）、事、物、自然現象、時間、空間方位等規律及氣數，並或通過種種『方術』，從而達致趨吉避凶或某種特定目的」之知識體系和方法。

術數類別

我國術數的內容類別，歷代不盡相同，例如《漢書‧藝文志》中載，漢代術數有六類：天文、曆譜、五行、蓍龜、雜占、形法。至清代《四庫全書》，術數類則有：數學、占候、相宅相墓‧占卜‧命書、相書、陰陽五行、雜技術等，其他如《後漢書‧方術部》、《藝文類聚‧方術部》、《太平御覽‧方術部》等，對於術數的分類，皆有差異。古代多把天文、曆譜、及部分數學均歸入術數類，而民間流行亦視傳統醫學作為術數的一環；此外，有些術數與宗教中的方術亦往往難以分開。現代民間則常將各種術數歸納為五大類別：命、卜、相、醫、山，通稱「五術」。

本叢刊在《四庫全書》的分類基礎上，將術數分為九大類別：占筮、星命、相術、堪輿、選擇、三式、讖諱、理數（陰陽五行）、雜術（其他）。而未收天文、曆譜、算術、宗教方術、醫學。

術數思想與發展──從術到學，乃至合道

我國術數是由上古的占星、卜筮、形法等術發展下來的。其中卜筮之術，是歷經夏商周三代而通過「龜卜、蓍筮」得出卜（筮）辭的一種預測（吉凶成敗）術，之後歸納並結集成書，此即現傳之《易

經》。經過春秋戰國至秦漢之際，受到當時諸子百家的影響、儒家的推崇，遂有《易傳》等的出現，原本是卜筮術書的《易經》，被提升及解讀成有包涵「天地之道（理）」之學。因此，《易‧繫辭傳》曰：「易與天地準，故能彌綸天地之道。」

漢代以後，易學中的陰陽學說，與五行、九宮、干支、氣運、災變、律曆、卦氣、讖緯、天人感應說等相結合，形成易學中象數系統。而其他原與《易經》本來沒有關係的術數，如占星、形法、選擇，亦漸漸以易理（象數學說）為依歸。《四庫全書‧易類小序》云：「術數之興，多在秦漢以後。要其旨，不出乎陰陽五行，生尅制化。實皆《易》之支派，傅以雜說耳。」至此，術數可謂已由「術」發展成「學」。

及至宋代，術數理論與理學中的河圖洛書、太極圖、邵雍先天之學及皇極經世等學說給合，通過術數以演繹理學中「天地中有一太極，萬物中各有一太極」（《朱子語類》）的思想。術數理論不單已發展至十分成熟，而且也從其學理中衍生一些新的方法或理論，如《梅花易數》、《河洛理數》等。

在傳統上，術數功能往往不止於僅作為趨吉避凶的方術，及「能彌綸天地之道」的學問，亦有其「修心養性」的功能，「與道合一」（修道）的內涵。《素問‧上古天真論》：「上古之人，其知道者，法於陰陽，和於術數。」數之意義，不單是外在的算數、歷數、氣數，而是與理學中同等的「道」、「理」--心性的功能，北宋理學家邵雍對此多有發揮：「聖人之心，是亦數也」、「萬化萬事生乎心」、「心為太極」。《觀物外篇》：「先天之學，心法也。⋯⋯蓋天地萬物之理，盡在其中矣，心一而不分，則能應萬物。」反過來說，宋代的術數理論，受到當時理學、佛道及宋易影響，認為心性本質上是等同天地之太極。天地萬物氣數規律，能通過內觀自心而有所感知，即是內心也已具備有術數的推演及預測、感知能力；相傳是邵雍所創之《梅花易數》，便是在這樣的背景下誕生。

《易‧文言傳》已有「積善之家，必有餘慶；積不善之家，必有餘殃」之說，至漢代流行的災變說及讖緯說，我國數千年來都認為天災，異常天象（自然現象），皆與一國或一地的施政者失德有關；下

至家族、個人之盛衰，也都與一族一人之德行修養有關。因此，我國術數中除了吉凶盛衰理數之外，人心的德行修養，也是趨吉避凶的一個關鍵因素。

術數與宗教、修道

在這種思想之下，我國術數不單只是附屬於巫術或宗教行為的方術，又往往是一種宗教的修煉手段——通過術數，以知陰陽，乃至合陰陽（道）。「其知道者，法於陰陽，和於術數。」例如，「奇門遁甲」術中，即分為「術奇門」與「法奇門」兩大類。「法奇門」中有大量道教中符籙、手印、存想、內煉的內容，是道教內丹外法的一種重要外法修煉體系。甚至在雷法一系的修煉上，亦大量應用了術數內容。此外，相術、堪輿術中也有修煉望氣（氣的形狀、顏色）的方法；堪輿家除了選擇陰陽宅之吉凶外，也有道教中選擇適合修道環境（法、財、侶、地中的地）的方法，以至通過堪輿術觀察天地山川陰陽之氣，亦成為領悟陰陽金丹大道的一途。

易學體系以外的術數與的少數民族的術數

我國術數中，也有不用或不全用易理作為其理論依據的，如揚雄的《太玄》、司馬光的《潛虛》。也有一些占卜法、雜術不屬於《易經》系統，不過對後世影響較少而已。

外來宗教及少數民族中也有不少雖受漢文化影響（如陰陽、五行、二十八宿等學說。）但仍自成系統的術數，如古代的西夏、突厥、吐魯番等占卜及星占術，藏族中有多種藏傳佛教占卜術、苯教占卜術、擇吉術、推命術、相術等；北方少數民族有薩滿教占卜術；不少少數民族如水族、白族、布朗族、佤族、彝族、苗族等，皆有占雞（卦）草卜、雞蛋卜等術，納西族的占星術、占卜術，彝族畢摩的推命術、占卜術⋯⋯等等，都是屬於《易經》體系以外的術數。相對上，外國傳入的術數以及其理論，對我國術數影響更大。

曆法、推步術與外來術數的影響

我國的術數與曆法的關係非常緊密。早期的術數中，很多是利用星宿或星宿組合的位置（如某星在某州或某宮某度）付予某種吉凶意義，并據之以推演，例如歲星（木星）、月將（某月太陽所躔之宮次）等。不過，由於不同的古代曆法推步的誤差及歲差的問題，若干年後，其術數所用之星辰的位置，已與真實星辰的位置不一樣了；此如歲星（木星），早期的曆法及術數以十二年為一周期（以應地支），與木星真實周期十一點八六年，每幾十年便錯一宮。後來術家又設一「太歲」的假想星體來解決，是歲星運行的相反，週期亦剛好是十二年。而術數中的神煞，很多即是根據太歲的位置而定。又如六壬術中的「月將」，原是立春節氣後太陽躔娵訾之次而稱作「登明亥將」，至宋代，因歲差的關係，要到雨水節氣後太陽才躔娵訾之次，當時沈括提出了修正，但明清時六壬術中「月將」仍然沿用宋代沈括時的起法沒有再修正。

由於以真實星象周期的推步術是非常繁複，而且古代星象推步術本身亦有不少誤差，大多數術數除依曆書保留了太陽（節氣）、太陰（月相）的簡單宮次計算外，漸漸形成根據干支、日月等的各自起例，以起出其他具有不同含義的眾多假想星象及神煞系統。唐宋以後，我國絕大部分術數都主要沿用這一系統，也出現了不少完全脫離真實星象的術數，如《子平術》、《紫微斗數》、《鐵版神數》等。後來就連一些利用真實星辰位置的術數，如《七政四餘術》及選擇法中的《天星選擇》，也已與假想星象及神煞混合而使用了。

隨着古代外國曆（推步）、術數的傳入，如唐代傳入的印度曆法及術數，元代傳入的回回曆等，其中我國占星術便吸收了印度占星術中羅睺星、計都星等而形成四餘星，又通過阿拉伯占星術而吸收了其中來自希臘、巴比倫占星術的黃道十二宮、四大（四元素）學說（地、水、火、風），並與我國傳統的二十八宿、五行說、神煞系統並存而形成《七政四餘術》。此外，一些術數中的北斗星名，不用我國傳統的星名：天樞、天璇、天璣、天權、玉衡、開陽、搖光，而是使用來自印度梵文所譯的：貪狼、巨

門、祿存、文曲、廉貞、武曲、破軍等，此明顯是受到唐代從印度傳入的曆法及占星術所影響。如星命術中的《紫微斗數》及堪輿術中的《撼龍經》等文獻中，其星皆用印度譯名。及至清初《時憲曆》，置閏之法則改用西法「定氣」。清代以後的術數，又作過不少的調整。

此外，我國相術中的面相術、手相術，唐宋之際受印度相術影響頗大，至民國初年，又通過翻譯歐西、日本的相術書籍而大量吸收歐西相術的內容，形成了現代我國坊間流行的新式相術。

陰陽學——術數在古代、官方管理及外國的影響

術數在古代社會中一直扮演着一個非常重要的角色，影響層面不單只是某一階層、某一職業、某一年齡的人，而是上自帝王，下至普通百姓，從出生到死亡，不論是生活上的小事如洗髮、出行等，大事如建房、入伙、出兵等，從個人、家族以至國家，從天文、氣象、地理到人事、軍事，從民俗、學術到宗教，都離不開術數的應用。我國最晚在唐代開始，已把以上術數之學，稱作陰陽（學），行術數者稱陰陽人。（敦煌文書、斯四三二七唐《師師漫語話》：「以下說陰陽人謾語話」，此說法後來傳入日本，今日本人稱行術數者為「陰陽師」）。一直到了清末，欽天監中負責陰陽術數的官員中，以及民間術數之士，仍名陰陽生。

古代政府的中欽天監（司天監），除了負責天文、曆法、輿地之外，亦精通其他如星占、選擇、堪輿等術數，除在皇室人員及朝庭中應用外，也定期頒行日書、修定術數，使民間對於天文、日曆用事吉凶及使用其他術數時，有所依從。

我國古代政府對官方及民間陰陽學及陰陽官員，從其內容、人員的選拔、培訓、認證、考核、律法監管等，都有制度。至明清兩代，其制度更為完善、嚴格。

宋代官學之中，課程中已有陰陽學及其考試的內容。（宋徽宗崇寧三年〔一一零四年〕崇寧算學令：「諸學生習……並曆算、三式、天文書。」「諸試……三式即射覆及預占三日陰陽風雨。天文即預

定一月或一季分野災祥，並以依經備草合問為通。」

金代司天臺，從民間「草澤人」（即民間習術數人士）考試選拔：「其試之制，以《宣明曆》試

推步，及《婚書》、《地理新書》試合婚、安葬，並《易》筮法、六壬課、三命、五星之術。」（《金

史》卷五十一・志第三十二・選舉一）

元代為進一步加強官方陰陽學對民間的影響、管理、控制及培育，除沿襲宋代、金代在司天監掌管

陰陽學及中央的官學陰陽學課程之外，更在地方上增設陰陽學課程（《元史・選舉志一》：「世祖至元

二十八年夏六月始置諸路陰陽學。」）地方上也設陰陽學教授員，於路、府、州設教授員，培育及管轄地方陰陽人。（《元史・

選舉志一》：「（元仁宗）延祐初，令陰陽人依儒醫例，於路、府、州設教授員，

而上屬於太史焉。」）自此，民間的陰陽術士（陰陽人），被納入官方的管轄之下。

至明清兩代，陰陽學制度更為完善。中央欽天監掌管陰陽學，明代地方縣設陰陽學正術，各州設陰

陽學典術，各縣設陰陽學訓術。陰陽人從地方陰陽學肄業或被選拔出來後，再送到欽天監考試。（《大

明會典》卷二二三：「凡天下府州縣舉到陰陽人堪任正術等官者，俱從吏部送（欽天監），考中，送回

選用；不中者發回原籍為民，原保官吏治罪。」）清代大致沿用明制，凡陰陽術數之流，悉歸中央欽天

監及地方陰陽官員管理、培訓、認證。至今尚有「紹興府陰陽印」、「東光縣陰陽學記」等明代銅印，

及某某縣某某之清代陰陽執照等傳世。

清代欽天監漏刻科對官員要求甚為嚴格。《大清會典》「國子監」規定：「凡算學之教，設肄業

生。滿洲十有二人，蒙古、漢軍各六人，於各旗官學內考取。漢十有二人，於舉人、貢監生童內考取。

附學生二十四人，由欽天監選送。教以天文演算法諸書，五年學業有成，舉人引見以欽天監博士用，貢

監生童以天文生補用。」學生在官學肄業、貢監生肄業或考得舉人後，經過了五年對天文、算法、陰陽

學的學習，其中精通陰陽術數者，會送往漏刻科。而在欽天監供職的官員，《大清會典則例》「欽天

監」規定：「本監官生三年考核一次，術業精通者，保題升用。不及者，停其升轉，再加學習。如能

勉供職，即予開復。仍不及者，降職一等，再令學習三年，能習熟者，准予開復，仍不能者，黜退。」

除定期考核以定其升用降職外，《大清律例》中對陰陽術士不準確的推斷（妄言禍福）是要治罪的。

《大清律例‧一七八‧術七‧妄言禍福》：「凡陰陽術士，不許於大小文武官員之家妄言禍福，違者杖一百。其依經推算星命卜課，不在禁限。」大小文武官員延請的陰陽術士，自然是以欽天監漏刻科官員或地方陰陽官員為主。

官方陰陽學制度也影響鄰國如朝鮮、日本、越南等地，一直到了民國時期，鄰國仍然沿用着我國的多種術數。而我國的漢族術數，在古代甚至影響遍及西夏、突厥、吐蕃、阿拉伯、印度、東南亞諸國。

術數研究

術數在我國古代社會雖然影響深遠，「是傳統中國理念中的一門科學，從傳統的陰陽、五行、九宮、八卦、河圖、洛書等觀念作大自然的研究。……傳統中國的天文學、數學、煉丹術等，要到上世紀中葉始受世界學者肯定。可是，術數還未受到應得的注意。術數在傳統中國科技史、思想史，文化史，社會史，甚至軍事史都有一定的影響。……更進一步了解術數，我們將更能了解中國歷史的全貌。」

（何丙郁《術數、天文與醫學中國科技史的新視野》，香港城市大學中國文化中心。）

可是術數至今一直不受正統學界所重視，加上術家藏秘自珍，又揚言天機不可洩漏，「（術數）乃吾國科學與哲學融貫而成一種學說，數千年來傳衍嬗變，或隱或現，全賴一二有心人為之繼續維繫，賴以不絕，其中確有學術上研究之價值，非徒癡人說夢，荒誕不經之謂也。其所以至今不能在科學中成立一種地位者，實有數因。蓋古代士大夫階級目醫卜星相為九流之學，多恥道之；而發明諸大師又故為惝恍迷離之辭，以待後人探索；間有一二賢者有所發明，亦秘莫如深，既恐洩天地之秘，復恐譏為旁門左道，始終不肯公開研究，成立一有系統說明之書籍，貽之後世。故居今日而欲研究此種學術，實一極困難之事。」（民國徐樂吾《子平真詮評註》，方重審序）

現存的術數古籍，除極少數是唐、宋、元的版本外，絕大多數是明、清兩代的版本。其內容也主要是明、清兩代流行的術數，唐宋或以前的術數及其書籍，大部分均已失傳，只能從史料記載、出土文獻、敦煌遺書中稍窺一鱗半爪。

術數版本

坊間術數古籍版本，大多是晚清書坊之翻刻本及民國書賈之重排本，其中豕亥魚魯，或任意增刪，往往文意全非，以至不能卒讀。現今不論是術數愛好者，還是民俗、史學、社會、文化、版本等學術研究者，要想得一常見術數書籍的善本、原版，已經非常困難，更遑論如稿本、鈔本、孤本等珍稀版本。

在文獻不足及缺乏善本的情況下，要想對術數的源流、理法、及其影響，作全面深入的研究，幾不可能。

有見及此，本叢刊編校小組經多年努力及多方協助，在海內外搜羅了二十世紀六十年代以前漢文為主的術數類善本、珍本、鈔本、孤本、稿本、批校本等數百種，精選出其中最佳版本，分別輯入兩個系列：

一、心一堂術數古籍珍本叢刊
二、心一堂術數古籍整理叢刊

前者以最新數碼（數位）技術清理、修復珍本原本的版面，更正明顯的錯訛，部分善本更以原色彩色精印，務求更勝原本。并以每百多種珍本、一百二十冊為一輯，分輯出版，以饗讀者。

後者延請、稿約有關專家、學者，以善本、珍本等作底本，參以其他版本，古籍進行審定、校勘、注釋，務求打造一最善版本，方便現代人閱讀、理解、研究等之用。

限於編校小組的水平，版本選擇及考證、文字修正、提要內容等方面，恐有疏漏及舛誤之處，懇請方家不吝指正。

心一堂術數古籍 珍本 整理 叢刊編校小組

二零零九年七月序
二零一四年九月第三次修訂

地理辨惑序

堪輿之學其說有二曰巒頭曰理氣巒頭論龍穴砂水
以察生氣體也理氣言元運方位以著應驗用也無體
則用無所施無用則體無靈異而葵之或不得其當是
二者皆不可偏廢者也世之業此術者入主出奴言巒
頭則詆理氣為虛渺言理氣則唶巒頭為粗疎求其兼
通而不相背蓋罕見其人焉顧巒頭家言自景純葬書
而後楊曾吳廖相與發明至精至當要在人之心靈目
巧自可窺其蘊奧無岐趨之或理氣家天玉青囊諸書
雖亦傳自楊曾而頗多隱語廋詞難以盡曉於是解之

者有三合元空之異有明以來多宗三合　國朝蔣平
階獨得秘解始闢三合而尚元空著地理辨正一書而
真訣則引而不發於是各以意解者紛三起矣夫元空
誠能知貴賤休咎然不得真傳其誤人不相若耶余因
先世未葬乃頗習堪輿家言二十年來葬事猝畢但僅
以形勢土色為主於理氣則未之及非不信也以其書
微奧難知窣解人而不得耳馬君泰青余同學友芥
青之季弟也幼工舉業詩詞壯而客遊四方甲子歲相
遇於里門昕夕聚談則植品日高所學益邃閒及堪輿
之術於元空更得真解觀人墳墓其吉凶得失有如目

観蓋十餘年於外訪求元空之真訣得遇明師又復合之形勢所以靈驗如是為親友營葬數處皆吉壤且有速効其自擇祖塋尚徘徊以待佳城余所卜地亦請其是正不離形勢而言理氣尤必合理氣以運形勢於堪輿之體用可謂兼得之矣余因謂之曰既得真傳何不示人以迷津覺岸以嘉惠天下之為人子者是亦錫類之仁也泰青以為然乃著辨惑一卷顧其要訣則仍未明言懼天機之盡洩也　泰青云學者誠能會而通之則真訣自在其中是則雖未明言而亦未嘗終秘覽者果能於此留心則進而觀辨正之吾知其一旦有

馬泰青自批注《地理辨惑》（虛白廬藏本）

三

悟其於堪輿之學富必以此為梯航而造神妙者矣爰

為之叙以告世之讀斯編者

昔在

叙

古之葬者尚卜如春秋二百四十二年間惟龜筮之是

從魯之卜楚邱梓慎晉之卜偃鄭之裨竈其最著者也

均無救於篡弒侵奪之禍蓋卜者數也是仍徇數以聽

天迫漢之管輅晉之郭璞始言形勢猶未言理氣之自

上觀紋亦未明示以理氣之術目明萬歷以後遂有三

唐宋楊曾廖賴諸師輩出於是乎談吉凶禍瞩如掌

合雙山撥砂輔星各種書出皆稱遠本海角青烏近宗

一行目講入主出奴難明真偽及施用於墓宅有驗有

不驗其驗者安知非幸中其不驗者安知非妄為獨蔣

大鴻暢明三元以天運之推移辨人事之休咎因形勢
以用理氣奪造化以積陰功彰往察來避凶趨吉至精
至靈但別有秘傳罕逢真學非虛衷尋訪難得真詮予
從姪清鶚壯遊四方留心風鑑凡十有餘載乃得師於
燕山證之無訛著辨惑一書以闢世俗之謬反覆窮究
頗有益於當時行將授梓予爰是序之末嘗不喜其山
　　昔在暴雄別墅□高蓋下音得孫山高
同治丙寅孟冬叔馬伯樂星房書於隨遇而安之室

近世地學一道不患無書而患書之多偽不患無師而
患師之少真初不解昔之摹偽書者係屬何心既不得
形勢理氣之所然遂連篇累牘災棗殊梨一家之言不
已另創一家之言汗牛充棟。貽悮天下人恨祖龍之
不作誰為投諸烈焰之中以快被惑者之胸臆耶其挾
南針以遊食者亦據偽書為藍本說幻談空不自知其
迷謬彼士大夫素不究心於此一旦聞所未聞驚為神
異倒屣爭迎術士逐得肆其簧鼓致令孝子慈孫一片
虛心顯蒙實禍雖名公鉅卿能舉天下之生民以安全
於衽席曾不能逃術士之蠱惑以自救其敗亡可憫可

嘆凡歷代名師不難明目張膽悉取其訣以示天下人

無如貪人苦多正人苦少特恐奸惡之人識得仙機妄

希非分故有守口如瓶之戒遂踏因噎廢食之譏然而

秘之雖深於各經傳註中未嘗不直言其訣但必待家

世仁德之英賢口授心傳以紹千秋之道脉何嘗以吾

嗇為懷作鄙夫壟斷之計哉所患者有慨切濟世之心

著書立說徒與偽術混淆誰分瑕瑜則余之曉曉伸辯

者亦未免多事也矣

　　　昔在真州以不平告之　數經書皆不能下斷

同治丙寅孟夏龍眠灑々落々布衣記於知止山房

地理辨惑

桐城馬清鷃泰青著　　　男馬　許學虔較

上卷

甲戌歲表兄陳子敬謂

余曰昨見有圖點辨堪輿之術自古迄今代出名師研究推測既精且詳可

感加細注者某目足跡謂極矣而名師間世而出不得當遇既有口傳心授世

丰天下罕有知著是又不獲聞多其假托名師忘稱秘訣者遂瀰蔓焉所以

何人而解為注既而思之歟

偽術以欺世者不過以枯骨無言納棺入土即受

是以儒洪而注我書

摩就附合則我之意轉謝而去至於禍發之速近者期年半載遠者十數歲方

睞乃取書自批之庶幾見彼則誇其地力富在三五十年或百十年必發較行

後作好事者無恨

岐黄之術朝施藥而夕變症者其驗既緩因得以欺罔

置喙矣

夢之所以受惑者由
於諸形勢理氣不真
故決吉凶禍福各爽
是茫然莫之所從偶
遇真知卓見者踪迹
可至聽不差即是
名師國手矣
李師足以富之

舉世之孝子慈孫死喪破敗為害之酷筆不勝書間有
偶中則自謂其真知灼見若可通神其實確有憑據者
百無一人余弱冠時嘗聞風水家言又見龍角牛眠之
說心竊慕之廣搜地理各種圖冊冥心思索無間寒暄
凡係聲名赫奕者竭誠就正其談形勢者有精有不精
尚屬大同小異至言理氣則五行三合撥砂輔星純是
捕風捉影之說俗所謂鐵嘴行是也道光丁未孟夏始
遇樂亭振字李先生於京師然後知管郭楊曾之技自
有真者在遂執弟子禮從遊久之盡得其傳此後踪跡
所至覆驗舊塋雖數百千者斷之無不吻合亦不敢輕

形勢理氣名雖分二

氣強分之為善以形
必須有起伏擺折有屏帳有枝脚至結穴處必須有砂

其實亦有形者

以語人恐犯造物之忌也同治甲子嘉平老友蓉溪張
子田里藝親亦精於形勢者也與余畫則偕遊夜則同
榻聞余所言彰往察來之効因謂余曰胡不著之於書
以示後人余昔與李師約云誓不濫傳乃得畫聆其秘
今不可以背吾師又謂曰姑留真音大概令人知所宗
可乎余不能却遂以平日與或人相問答之言筆錄六
十條名曰地理辨惑訣雖不在是而亦未常不在是慧
心人一見自知之耳

一問曰近日地理多門當以何者為專主曰看龍之來

勢可見而理氣不環水繞內有窩鉗乳突比等語人、能託及至覔地時
可不見故撰明四卷
扵其肖以後多述
其傳用而已

拉山抵水往\皆錯蓋看地之法先以形勢為體理氣
為用形勢一錯則體非其體用非其用無往而不錯矣
以形勢為專主深明龍穴砂水之法則扵地理一道亦
思過半矣
二問曰世之談形勢者扵穴星每\好言獅象虎鳳猪
犬龜臭羅漢將軍美女等類言岸砂則有玉屏牙笏文
筆三台貴人天馬旗鼓等名是耶非耶曰不過遇有龍
真穴的之地形貌畧同名師偶為是說俗師遂相襲成
風見一地即造一名以眩惑世人不問有龍無龍有穴

無穴勉强扦葵世受其愚殃咎踵至豈少也哉

骶

讀書人勤於研究後三問曰看地首重形勢而近世俗眼强不知以為知究

於此攀往志裏竟如何是真眼力曰業斯術者類皆無學之徒遊食為

透徹眼宸摸糊遂生本無真實傳授凡孝仁人或因葬親或欲積德漬

有屋裏先生之言

閉戶讀書窮理登山覆驗名墳多事閱歷積灰則自然、

胸中有些領畧即可知誰為名師誰為俗士蓋理正而

有驗者為名師理悖而無驗者為俗士求得名師指示

四問曰當看何書為是曰有形勢之書有理氣之書楊

撼龍往言星躰

便是真眼力

疑龍往言訒龍𡻕

龍往補撼龍疑

龍之未備地學

公撼龍疑龍二往吳景鸞望龍經廖金精撥砂經沈六

言曰五行機砂言

穴形之變幻

耳

圖地學此數書言形勢最為的當其餘各書但言形勢

者尚屬可看至理氣則悖謬矣惟地理辨正天元五歌

是真理氣之書

元運遷移吉凶改

五問曰世以龍向水三合為理氣其法何如曰理氣云

變百聽百靈三合者天心之正運其氣巡環往來以三元為始終者也彼

家不明知三合之不三合是一定之死格局如某龍來其水去立某向以乘

及某以不得元空龍消水合得生旺墓庫主富主貴雖前數十百年遇此

真訣抵死強辯言等地也如是用法後數十百年遇此等地也如是用法

六困戮猶鬪之情而其間吉凶大相懸殊或一樣之地前為人用而發後

為人用而敗或一山之上前為人用而吉後為人用而

卤如此等類不勝枚舉吾故謂之死格局蓋另有三元

之真理氣操其權耳

識形勢宜在知理氣

者生人之權理氣所主者興廢之權如山川平坦者則

六問曰信如是言則形勢竟無權耶曰有權形勢所生

出人必溫厚和平得運則生端莊公正之貴人失運則

理氣一亂即顯慌矣

三先君識得形勢則

理氣有何益耶

不明形勢者偏喜學

生庸懦卑鄙之賤人山川粗雄者則出人必強悍猛烈

得運則鯁直果勇之貴人失運則生兇險橫暴之賤

人地理固是如此亦宜參看人之家教俗習何如

又問曰發富發貴為貧或賤而富或貴而貧或富

貴而夭絕或貧賤而丁壽是形勢使然是理氣使然曰

形勢理氣俱有之山水得運則遠貴山水失運則貧賤

固屬無疑其賤而富者必遠墳非地新墳得地故也其

貴而貧者必山龍得運向水失運故也其富貴而夭絕

者必旺運已盡然運管事故也其貧賤而丁壽者必地

本非地而向水得令有吉無凶故也

貴者祖丁財壽屬久八問曰俗師得一地必許人以富貴而實未嘗富貴何

足重焉粘上笑其墨耶曰美地所主者原有四人丁壽考富與貴也而人丁

既而見貴者之宗族為壽考之本使無人丁焉有壽考無〔考〕

奴隸皆可欺凌卿　壽考則富貴將誰屬耶世俗惟知重富貴故彼即以富

貴不貴者受而不較貴餼之其實有人丁壽考卽或及身不富貴而居仁由

義視貪官污吏之富貴孰優

九問曰嘗見世之富豪人丁壽考科甲四者當在何慶分別何以有兼全有不兼全有長久有不長久曰豪富人丁壽考只要坐山主星莊重水法團聚俱在旺運便見至於科甲則要看鄉會試之年有文昌魁星會於坐山或會於水口或會於叙峯或會於向中三堂之水上俱主科甲如龍穴砂水縱美到十分只主豪富人丁壽考而文昌魁星會不著科甲終不可得也所以往往有地非吉穴而亦出科甲者必其穴前後左右砂水上有文昌魁星會故也但發科甲不得大貴或旋即殞

文昌魁星聚會法

余芳註擇星是真註

陰地上無文魁聚會

二若備詳作用之訣

可畏

方知此語之妙

実是真事面心阅应

滅其久與不久只看交煞運不交煞運而已

十問曰凡人之祖墳：非一代；非一墳每見發福者

或謂其遠祖得地或謂新墳得穴古今聚訟將何以

決、疑曰遠墳所主者生貴之地新墳所主者催貴之地

只看人有品貌非常學問淵博而一生不遇乃遠墳有

好地能生此人而新墳無地不能催之也有骨格醜

陋才試平庸而遭逢意外乃遠墳無好地僅能生此人

新墳有好地極力催之也倘其人品學相副遇合又奇

吾知其人必有數代好墳不待登山而後知之也

十一問曰形勢縱明仍當以理氣為主而三合又非真

天氣地氣是玄空着
眼緊要之處

理氣則何者謂之真理氣曰人生天地間原與天地為

一氣雖死歸於土又何嘗不與天地為一氣故墓經云

氣来風散所散者何散其天地之氣也界水則止所止

者止其天地之氣也而氣運之巡環往来又有乜中

下三元以消息之流行九宮周布八方分析二十四山

占六十甲子躔三百六十度一元有一元之氣運一運

有一運之用法得其法而用之斯謂之真理氣

十二問曰真理氣載在何書可得而聞歟曰蒋大鴻先

生所註地理辨正並所著天元五歌二者足稱千古不

傳之絕學道光年間有無錫章仲山增註地理辨正直

同治甲戌四月上雲王

雪樵至合肥自云仲山

第三傳門人僅知挨星

而已

解天元五歌闡義尤為明晰惜乎只知理氣不精形勢

廣陵人程牧雲曾言未曾與人藝得壙好可為太息

十三問曰葉九升之地理大成尹一勺之地理十二種

何如曰彼亦曾畧聞斯道奈彼之不信不專胸無主見雜

收偽書不辨魚魯貽悞世人不但此也乾坤法竅風水

一書增註地理辨正跡俱是未得真傳私心懸揣擬造

挨星圖去道愈遠從此元空一門又添無數邪說咸豐

元年京師有妄男子刻造地理正宗一卷穿鑿不經尤

地理正宗有二其一為嘉堪齒冷此外偽撰之書高多愈奇辨惑之作正為此輩

吾桐汪稼門先生官閩

槽尸勺改斫其封

翁墳旋卯革氏狂孫之

其遺只以藝久逐興兩

子皆科第汪瀛甲辰

進士長子先培本人大

挑知縣次子先煉丁未進

士

庚年蔣姓刻其一為道也

自得法後取多書再
觀如醉夢中嚼蠟矣

十四問曰吾子何以知三元之真名師之真得從而學
之曰君但知余今日得之獨真而不知余前日所遇之
多偽自道光壬辰遊秦之齊至京師凡十有六年其間
遇五行三合之師即求學五行三合之法遇撥砂輔星
之師即求學撥砂輔星之法其待師之誠用功之苦如
地理原真天機會元金玉鐵鉛四彈子地理大成地理
大全地理綱目人子須知山洋指迷羅經解及各種地
書日夜不懈即至相與登山但云某地主富貴某地主
敗紀引證各書非不至詳且備考其人家之事跡殊大
不然及遇李師也先聞友人張載勳向余云子好地理

昨有李姓客同鄉姚伯昂總憲慶其人能觀墳塋地圖
即知其元當發當敗某房發某房敗所主何事應何年
或與人談其家之吉凶成敗即能知其墳當是其山
向是何元運之地其神若此余恨不立與之一見而李
已歸矣余時應漢北友人之聘乃謁姚公致渴慕之意
而行至塞外甫二年丁未歲姚公來信云李又至京之余
辭千金之館回京往謁彼拒因求姚公之言為介凡三
四返始獲允為弟子從遊年餘乃得盡其底蘊歸又覆
驗數年始無疑義得真訣之難如此
十五問日如吾子所云三元理氣既真且靈何以世之

道光二十七年胃二十
日事已

一行為唐世高僧豈

元以來尚無談者自有明中葉以後如感行於時相傳

作此悠謬之語以惑衆

而何其名以欺人耳

唐一行和尚之書又有海角青烏銅函玉髓赤霆黑囊

學者百無一人均以三合為圭臬耶曰三合之書唐宋

各種之書其詞無甚奧義可以朝誦而夕行道故人

人習之若蔣公之註引經據典語奧義深千乃古之心

傳借天玉寶照二經隱仙機於註內必遇其人始授真

訣否則緘口不言是世之學者既難悻傳不惟不學且

羣起批謗蓋有由也

十六問曰如李師者近世有幾人曰余自戌申別師遊

廣陵至姑蘇北出關歷古代迄今十有八年所遇者

或畧知大概或粗識作用俱未能造精微無錫朱旭輪

所剙宅法舉隅頗精換星之法但所言陽宅不知其陰

地形勢何如此外不聞有知者或有之亦難多得也

十又問曰吾子所言先形勢而後理氣及開休咎之說

又似重理氣而輕形勢曰非也理從何處看來凡地

形長就是何龍穴當收其元之地氣長就是何向水當

收其元之天氣值其元而用之為生氣違其元而用之

為死氣蓋形勢猶魄也理氣猶魂也魂魄合則其人有

用魂魄離則其人無靈也固無執尸以作事亦豈有招

鬼以代人以魂魄為喻形勢理氣曷何斯編須慶耶

天氣地氣即是元空

入用之秘必當山指示

乃可耳

形勢者理氣之憑依
理氣形勢之寸死之者
不可偏廢

十八問曰形勢雖美元運不合將棄之歟曰然若勉強
用之其凶立至今至三合往三犯之及至受害或疑曰
此地甚吉當是舊之過否則曰此地是先凶後吉固應
如是抑或諉之命運使然非地之過也東窂兩就都只
為識不得理氣

十九問曰形勢完美者已不可多觀而又因不合元運
而棄之舉世不乏富貴丁壽之家其地又不皆完美則
理氣將如何安置曰天地間無慶不有理氣全憑形勢
以推測之如君所謂不完美者即有龍無虎有虎無龍
或龍虎俱無或來龍懶散或穴情模糊或砂脚飛揚或

水城不顧俗師以三合五行正庫借庫四十八局加之
不能以撥砂輔星淨陰淨陽加之又不能技倆既窮如
地形美有理氣地形怪亦有理氣無是乎名之為怪穴豈知穴形雖怪而理氣固在合得理
形怪亦有理氣無是乎名之為怪穴豈知穴形雖怪而理氣固在合得理
從而不有元運在氣則形勢怪理氣原不怪也只有不合三合五行而發
其中
者斷未有不合元運理氣而能或發者
二十問曰元運理氣之應捷如桴鼓近世習元空者甚
少聞有習之用亦不驗是何以故曰蓋有故焉蔣氏之
書文理深奧儒者喜讀之亦只視三合之書可遊覽
而得也又不肯屈身從師自逞聰明肆臆解愈送愈
理氣以為有此即可
謬者有之亦有俗士慕元空之美名口稱得傳其實一
迂腐之儒甚喜讀
以得地也

無所得者有之抑或虛心嚮學不辨真偽所讀非書所

師非人以盲引瞎者有之故用之多無驗而元空之受

謗實斯塈之也

二十一問曰地理家言無不援引周易以為原本細核

其實不過言納甲與淨陰淨陽而已元空亦本周易否

曰元空純是周易其言大體也以天氣交地以地體承

天其言先天也乾與坤對待震與巽對待坎離對待艮

兌對待其言後天也坎一坤二震三為上元三運巽四

中五乾六為中元三運兌七艮八離九為下元三運至

其占驗所主一本手繫辭卦象並無一絲牽強不似三

對待二字即是元空

真訣明白高人自

不知

合以生旺墓庫左旋右轉以定局左偏偏右中針縫針

以立向與周易何涉有癡人說夢也

二十二問曰先天八卦起於乾南止於坤北宣僅於對

待別無餘蘊乎曰宣止此也先天對待卦內原有後天

流行之卦位並三元次第皆在其內一對待烏足以盡

其用乎如先天坤居後天坎一先天巽居後天坤二先

天離居後天震三先天兌居後天巽四坤三陰爻在一

宫巽一陰爻在下居二宫離一陰爻在中居三宫兌一

陰爻在上居四宫宣非一二三四之部位宣非地氣自

下而上升乎先天艮居後天乾六先天坎居後天兌七

學者看此書次將先後天卦象用硃墨與陰陽為表裏玩之

先天震居後天艮八先天乾居後天離九艮一陽爻在
上居六宮坎一陽爻在中居又宮震一陽爻在下居八
宮乾三陽爻居九宮豈非六又八九之部位豈非天氣
自上而下降于一山一水一陰一陽一升一降名曰對
待實具流行立穴於中五之區乃天地真交合處乘得
時運焉有不吉者彼三合家徒以支離之辭攀附易周
者烏足以語此元空之學固非擽飄之士所能望也
二十三問曰人咸言三合是眷山之法三元是眷水之
法曰非也人之為是言者因見蔣公之書言山之處十
之一言水之處十之九殊不知山係形勢楊曾吳廖諸

学之居此言者甚多
不知山與水相對無水
則地氣不口此

公己言之在前獨於理氣秘而不宣彼言山者不更言

水是以蔣公但言水不復言山且天玉寶照經中何嘗

不有山法楊公作撼疑龍二經不言理氣者恐混淆

使形勢不明也故作天玉寶二經不多言形勢者亦

恐雜亂令理氣不暢也蔣公依經文而註之人遂謂之

只知水法何其謬耶

二十四問曰習三合者固多而信三合者尤多精元空

者甚少而信元空者尤少至於畏之謗之何故曰彼三

合者家絃戶誦則耳濡目染者久故信之不疑即或用

之不吉亦祇空怨地之不佳不知法之不是學元者既

数十年所遇不下万餘

聲口稱精元空審不過

習乾坤法竅風水一書

地理辨正疑之類

鮮真傳苟或慎用無益而有損遂群相驚駭坐風而靡

不知用之差錯而謂術之不祥焉得不畏之謗之然真

訣在是信與不信闊乎人之福澤有緣法有天數焉不

然管郭楊曾楊當時不聞人注三 求之惟身後思慕而已

無及矣

二十五問曰有用奇門葬法者其何術如曰元空即是

龍之所行地之氣也水真奇門龍有龍之三元水有水之三元流行九宮年有

之所行天氣也之運年之九宮月有月之九宮日有時日時之九宮龍水之

內有地氣有天氣 元運得失俟年月日時之九宮神煞加臨吉凶禍福立

最要分得明白 應一絲不爽俗師只有三奇六儀飛布揆加以之占數

修方選擇日時則可以之葬墳則大謬此皆舍形勢而

空口言神煞之流也

二十六問曰既云形勢理氣統歸三元運氣主持又何

以有年月日時之異日形勢為體理氣為用如一白運

之地可管百六十年二黑運之地可管百四十年三碧

運之地可管百二十年四綠運之地可管五十年六白

運之地可管五十年七赤運之地與八白九紫運之地

俱各管六十年至於五黃運中以前十年屬之巽後十

年屬之乾俗收二八兩宮者乃奇宮之說也此乃

得訣後覆驗古墳所傳者與舊說微有不同其年月日

雖此數語亦覓詼

三二

時又為用中之用一層一層的用將來非淺躁者所能
窺測

二十問曰理氣既已為用何以年月日時又有用中
之用曰當令之運二十年一小遷移六十年一大更換
百八十年週而復始而一年又有一月之運一月又有
一日之運如斷墳地何年出科甲之法湏看二十年大
運與每年每月之運文昌魁星能否會山向砂水之上
當在某房發科發甲生氣旺氣能否會山向砂水之上
當主某房添丁益財可預知亦可預作也又以年三白
與月三白所臨之方安床開門可以催丁以運之生旺

與年月之生旺合移居改灶可以却病招財均有奇驗

二十八問曰理氣既有長短將毋限滿即便敗絕日地

有南北之興其絕與不絕亦有異如南省山龍一山只

扦一穴倘龍水運敗則竟敗矣若另葬一得運之地則

又轉敗為興矣如北省平陽龍穴情寬大附葬多棺倘

正穴龍水交敗運其附葬於左右者其穴內所受龍水

之氣移步換形與正穴之龍水有異 其興其敗當於

此中推測不得拘泥

二十九問曰每見北省富室多悠久南省人富五不代

北省風俗近厚而樸其 當於何處決其異同曰是不難此省地平曠按昭穆可

啓久大半因此南省風

俗近彥而服食繁藝多棺得一吉地故數代富貴或數房同時富貴南省

兼君家教素嚴山龍結穴於窩鉗乳突其小者僅可容棺稍偏必侵界

兒孫又能遵守水势必一代之後另扦一穴得地則可否必敗矣故南

者六可悠久否刾不如北地势使然理氣原無別也

不再傳而敗未可盡責之於地

三十問曰昔人有言藝得吉地之後所生之人方是貴

人若已生之人後得地者與伊無涉其言是非曰得吉

地生貴人其言甚是若人已生而得地不能與伊無涉

余前所云地能催富貴丁壽者正催已生之人也豈可

云與伊無涉試看人當正盛之時忽藝凶地其人立見

敗絕皇非明效耶

三十一問曰吾子之形勢必用理氣之對待然則子龍

必用午水乾龍必用巽水吳曰不能如是拘泥所謂對

待者用法中秘妙難以顯言但子山午向既以子為山

則山必有化生腦既以午為向則向必有小明堂此穴

內之對待也穴後有主山父母山則穴前有中明堂外

明堂所以寶照云安最要看中陽寬抱明堂水聚。。

囊出峽結成玄字樣朝來鸞鳳舞呈祥外陽起眼人皆

見乙字灣身玉字樣朝來內陽坐穴法神機出慶覓仙

方是言形兼言氣是言水兼言山俗人不知遂謂元空

只是水法

所謂三陽者以其

房天氣故謂之陽

內陽切近於穴故

言神樞仙方

三十二問曰主山端正龍虎均齊水出當面是真對待
倘有龍來作案虎來作案水必有到左到右之別其對
待當何如曰善哉問任他到左到右而結穴處後必有
脉有腦前必有微茫水小堂先於此處認定真對待
至於到左到右乃本宮之內水口察其理氣合得何元
何運運吉則吉運凶則凶

明

人每謂有龍則長房發有虎則小房發殊不知吉水在
左雖無龍而長亦發吉水在右雖無虎而小亦興立水在
亦然曾見人子湏知書內有一圖云有龍無虎大江在
右小房大發集無以自解忽悟云水纏即是山纏自以

小明堂為內陽照

穴之三真憑實據

此語出自雪心賦

為奇殊不知山陰也水陽也以水為山將陽作陰呼男

代女豈不令人笑煞

三十三問曰南省山龍多係龍兇作岸或近山遠山來

作朝岸北地平陽四望空廓有一水橫過罸一灣曲即

就灣曲處而立穴者或一水直流旁有一水插入即就

其合入處而立穴者或水橫過左有一水插入右有一

水插入中間一塊方平如几即就其中而立穴者既無

水插入中間一塊方平如几即就其中而立穴者既無

生腦又無小明堂到此地位毫無把握當如何安置

對待理氣曰一水橫流謂之靜罸一灣曲謂之動水雖

有地震妄合運之對待

直流謂之靜有水插入即謂之動陰靜陽動靜則死而

山龍平洋要要霄不有化生腦又無小明堂到此地位

理氣曷霄不有對待

亦主敗絕無地靈有

全運之對待亦之丁屬何

壽臺財

看地時一絲石可忽畧

慎思緊要之語

無用動則生而有用形既動矣氣即隨之察其屬何卦

元運乘其生旺而扦之無不利者內中自有一個

對待在人見其不似山龍之易尋只見其依水點穴故

謂蔣公元空是看平陽水龍之法殊不知其同一理也

且元空自古有之非蔣公所創造乃是蔣公表而出之

世之謗元空者競直指蔣公殊可哂也

三十四問曰平陽之內外水口當如何看法曰於貼身

靈有三義交合即以三義交合為內水口自穴上看其

來水初見之靈與去水不見之靈為外水口天元五歌

所謂去來二口死生門是也至於水從前過有儲蓄有

天氣動地氣應地氣轉折或岸有崩缺之處皆謂之動俱主人之禍福穴上

天氣應有動有應

不動不應

不見者不論

　　合卯合對待之理氣

不合卯不合對待之

理氣也

三子　二而○穴

三十五問曰水既橫過又有去來二口焉能盡合元運

曰有盡合者則房三皆利其邊合邊不合者則房分中

有利有不利然氣運有往來故有彼此互為興廢之不

同

三十六問曰房分公位之說各有不同張九儀云孟在

左仲在向季在右四在孟仲之間五在坐山六在仲季

之間若七子八子則無慶安頓矣逶地靈又云左砂屬

　　長右砂自右肩為二房往下數去至砂共為止不拘多

　　右肩為二房往下數去至砂共為止不拘多

五六七少皆有右砂三合家以長生為長房一順輪排或以孟

七子
蜀○穴左季右之法諸家之說不一究應如何為是曰余初亦
用此考驗多次均不合法惟孟左仲向季右之說尚是
若四子五子與十子者均無定準不得已随地考核久

九子
喬○穴乃透徹蓋從右往右排去不拘多少房分各占一位僅
一房者四面均歸之兩房者一居左一居右三房者則
孟左仲向季右如九儀之言七房者左為長往右排為

十子
二為三其第四房正在向上復往右排為五為六其第
七房居右之末如有九房則長居首九居末其第五房
正在向上若有十房則五在向之左六在向之右屢試

此係考證多情而知著
雖房子共有位置之審書

解判其孰吉孰凶不爽又有從覆驗中考得者如其人未葬時或長房已

也

死則塟墳之後次子居長如長房位上有吉凶則代長

當之如有多子己死數人即以塟墳之日照現存幾子

孰為長孰為仲季按公位排算此皆古書所無者今特

指出亦當以真理氣斷之妙驗若三合輔星等法胡猜

仍是百無一驗

三十七問曰士大夫家以讀書求名為重將塟親大事

付於術士之手令聆吾子所言純以周易為主然則地

理非小數也曰周易包羅萬象大者不外乎天地人三

才而已通天文者可以知四時代謝水旱災祥以養生

自得訣後往昌平州觀
有明十三陵復以明之史
鑑證之其興其慶國
之得失也可知矣
聞之埃手

明地理者可以知九運往來趨吉避凶以立命人能為
貞吉之君子勿為悔吝之小人以與天地象孟子曰惟
送死可以當大事誰為地理為小數耶彼術士既無真
實學問不能不苟悅取容望門求售無怪乎富豪役之
如同廝僕道以人卑故以末流小數視之

三十八問曰天文地理人事即此地理以配三才乎曰
何嘗不是大龍大幹到頭處形止氣蓄鍾靈毓秀以誕
帝王聖賢大江大河廻合處建都設邑控制八方以居
君國卿相得其氣運則國泰民安失其氣運則時衰世
亂人但知萬事皆由天定孰知地理亦有主持乎還迴

卜洛晉絳楚郢國之興廢因之若山川險阻戰守所憑

土壤瘠肥農桑所恃乃孟子所謂地利非地理也

三十九問曰地理所關者禍福世人遂因求福而後謀
地至有道學先生力矯其幣遇地即葬可以為世法否
曰墳猶樹根也人猶枝葉也有地脈處則根肥葉茂無
地脈處則樹瘦枝枯若以安祖宗之骨為念則可若以
邀已身之福為心則不可蓋人事之臧否乃陰地之徵
驗也若以世無名師徒亂人意不如自擇避風避水乾
暖之地則可若故欲矯俗隨意從省埋葬則不可如程
邵朱蔡非大賢耶而於葬事其難其慎亦不過欲安先

人之靈盡其心焉已爾

四十問曰南方有高山大壠平岡北方有平原平陽水
鄉有平洋而高山大壠平原居高臨下則多乾流平岡
坦緩則多水繞平陽寬則以溝以路為用平陽低則就
水立局其理氣異同曰高山大壠平岡平原不過有高
峻平坦之異而開幛過峽成局結穴朝案護砂俱是一
樣看法有水無水是一樣用法俗眼不知每以穴高水
低為嫌者謬也平洋之地行龍處雖不見有龍而兩水
相夾中即是龍結穴處雖不見有砂而水灣即有砂灣
砂遠繞有水遠所謂兩山之間必有水兩水之間必有

此須先研

此節看平洋之法

地氣行於地中天氣 山正是謂此若山壠岡原何用說耶其平陽以路為用

行於地上若平板辰者路必深至數尺淺者亦必尺餘依形就氣而用之一

則氣皆行而不必深樣發福倘深不滿尺卽或用之亦無效驗所以然者行

至數尺氣尺餘則天氣交於地中或灣環龍結穴乃陰氣所凝之處溪間溝路乃陽氣所行之處

地氣遇天氣而止卽是繞抱或三叉交合其陰逢陽界卽止山環水繞卽是陰陽交媾天地鍾靈毓

秀之區山壠岡原平陽平洋都無二致雖舉天下之地

不能出此圍範

四十一問理氣純以九運為主又以年月日時為用。

為趨應之期其八干四維十二支將無用耶日伏羲畫

卦只有八卦其十二支亦上應天之舍次古人製造羅

形止氣蓄

天氣遇地氣迎止謂之

本義原是从此軌
料踐世三合圍之寶
鑿賊寶於人過手
天下

經分析八方為三八二十四字子午卯酉所占之位卽

坎離震兌之宮子坎同是水卯震同是木午離同是火

酉兌同是金故用子午卯酉不必更言坎離震兌也乾

坤艮巽正當十二支之隙又是本卦正位不必更假名

字其子午卯酉左右陳慶以壬癸屬水故附於坎宮以

甲乙屬木故附於震宮以丙丁屬火故附於離宮以庚

辛屬金故附於兌宮原屬一體同氣之義甚屬顯然後

人從而穿鑿甲不為亥而納於乾乙不為木而納於

坤土如此等類使五行各失其性甚至甲或附於寅而

為寅午戌局或附於卯而為亥卯未局以至有乙丙交

馬泰青自批注《地理辨惑》(虛白廬藏本)　四七

此乃由考驗而知惟

元運之吉凶用之將

靈觀禽書者何不

振言思心考理之

而趨戊辛壬會而聚辰土牛納庚丁之氣金羊收癸甲

之靈生旺墓庫左旋右旋令學者至死不悟其實所係

者全在元運與太歲所躔之宮主之如一白坎當令。

即地支之子逢太歲在申子辰午四年應之子年為填

實午年為沖動申年為催合吉則應吉凶則應凶如犯

一支則四年應之犯二支八年應之犯三支則十二年

中無休歇矣獨乾坤艮巽四宮之內皆得地支兩位沖

合填實當有八年遇吉砂吉水太歲值年世人見其發

之速而且久莫知其所以然遂呼曰乾坤艮巽號御街

四大尊神在內排不問氣運之得失胡亂用之一遇凶

倘得訣者觀此要
不是明白直言

禍又呼乾坤艮巽為殺人黃泉矣

四十二問曰大運六十年小運二十年何以一白有百
六十年二黑有百四十年三碧有百二十年之說曰一
白與九紫相對必九紫當運則一白之地方敗如上元
甲子甲戌二十年一白正當運大發至二黑三碧運內
則一白尚有餘氣故仍發至四五六七八運內運雖過
亦無凶故云六十年若甲申甲午二十年二黑主運
固發在一白運內同是上元己可用之二與八相對交
八白管運即敗故云百四十年若甲辰甲寅二十年三
碧主運交一白運己可用之至本運大發三與七相對

交七赤管運三碧始敗故云百二十年中下二元之地
皆倣此總之上元六十年三運之地皆可用必至本運
而後發耳中下兩元之地用法同此

四十三問曰巽乾於中元運內何以各五十年曰各卦
運內將中元之砂水以本運只二十年惟中五運二十年前甲申十年屬之巽
三碧運內四綠之地已可用故有五十年後甲午十年

屬之乾七赤運內六白之地尚有餘氣故有亦五十年

然一白九紫兩運之內四綠六白之地亦各有二十年

旺運用得錯者大發用錯諸快敗此一說惟李師知之

余考驗之信然

巳嘗詢過數人上下元
運內將中元之砂水以
何詢納皆無以應
此亦是訣

緊要之處全在
於此

四十四問曰五行一訣非真術城門一訣最為良何所

指日即穴後入首東氣之處與效前放水出口之處也

乃形勢兼理氣而言對待元運皆在於此吉凶禍福之

柄亦無不在此

重讀只有兩字即
可知其意矣

四十五問曰天機妙訣本不同八卦只有一卦通如何

謂之一卦通曰本是說得明：曰，被後人越解越錯

竟有說是以此一卦去通那八卦以至愈迷愈謬蓋為

理氣言也所謂一卦通者乃是當運之一卦用之最吉

謂之通言八卦不能皆通也即余前篇所云某卦之當

運二十年是也

四十六問曰何謂合得天心造化工曰世人但以點穴
處橫直度量十字相交為天心入以明堂水聚處為天
心是形勢之天心非理氣之天心也理氣之天心乃某
元其運管事則某元其運即真天心識得天心以此是
察人間禍福用此趨吉避凶奪天命改造化全係乎此
即以此運入中按陰陽順逆飛弔所謂顛？倒者所謂
星辰流轉要相逢者人用中之用不經口授焉能知之
此而傾囊倒匣言言元其運管事則某元其運即真天
四十七問曰凡結地之處或數十里而結一穴或十數
里而結一穴或三五里而結數穴者不等究之遍地皆
人所葬不盡得穴小康者有之自給者有之亦不皆絕

已明？指出若奈人之
不視之何

換是大旨不過乎此

閱歷人事大抵以此為

可畫風水亦奈可屏

答於風水

子孫相繼間有繁衍者地之力耶運之力耶曰其地雖

不得穴亦必地勢高燥平穩無凶惡水冲射即能自

給有得運低小砂水顧照即可小康兩子孫繁衍矣然

亦當以人事參之倘其人庸懦縱有吉砂旺水蔭墳亦

只平平倘其人勤能但無凶砂惡水侵墳亦足自立此

以天時地理人事參合之妙千百中不爽毫髮

四十八問曰繼父之墳能發承祧之子乎曰何獨不然

試觀人家不利女丁者或產難或淫奔不特其女應之

即其媳亦應之雖菴刹寺院僧道之墳尚能蔭其招養

之徒豈有繼父不能蔭承祧之子孫耶但媳之吉凶母

家與夫家墓看而承祧子之吉凶亦當本生與過繼者

同看俱關係兩家故也

四十九問曰今人皆欲謀大地甚至謀得極不堪之地

轉不若不求大地得一乾暖之地無凶砂惡水沖射用

道光年間有張姓惡
棍俗停喪謀地欲矯
其藥而多之偈逐舉之好否曰較之胡求大地而得禍者亦不失為中策但
其先柩而牢意藝之
貧人得之仍如是貧富人之(得)仍如是富地稍有一分ㄙ
遍日卯暴年愈何長
好處則富者必加一分富貧者必減一分貧地有一
子而孔人愈為之疑
分壞處亦然勿作妄想但求安親勸得癡人醒亦是無

量功德

五十問曰北省人死即殯即葬南省人死厝棺不葬甚

懼而不散葵

馬武穆葬母有謂至傳留數代積累十餘棺以待圖謀風水而所厝不吉

其地似王摳窆家葬遂（愈久愈貧）至不能葬或天絕無人固毋論矣間或有

地時王淵已死尚劉　力者一舉而葬數代之棺其吉凶當如何斷曰只看其

三娘童歷三字獄成　現在之人近身父母之墳與遠祖之墳同吉作吉斷同

某竟見害於賊檜　凶作凶斷若遠墳吉近墳凶仍作凶斷遠墳凶近墳

乃連墳吉近墳凶

之故

吉仍作吉斷近者最要故也

五十一問曰越是富貴人越喜厝棺不葬彼意謂得力

於遠墳姑厝新棺或在野或在家以為無碍曰毋論遠

近只看頭上一棺不拘墳厝最緊要如父母在即看○

祖父母之停葬處祖在則看曾祖之停葬處依運斷之

雖傳棺在家亦與墳塋同察其禍福如掌上觀紋世人
每以近棺未葬有吉有凶盡歸之遠墳豈不大錯
五十二問曰嘗見淮水以北有築圍墻以葬墳者其法
何如曰余亦曾見之惜乎彼所用者俱是三合輔星之耀
法若依元空理氣用之其力亦不減於真結此平陽權
宜之計如水鄉平洋亦可用之蓋平陽平洋無砂繞護
四望無收擇得高燥寬敞之地立穴於中去墳四五丈
築墻齊肩四面圍之隔却凶砂惡水令墳上不見開門
於元運當令之方照水口城門之例亦能發福不替
其墻宜厚高不
應曰低不見焉高
低適中然後有
益其玄砂惡水
宜遠將隔得住
宻近在恐太
蓋也
五十三問曰墳地既可築圍則建樓閣屋宇以當護砂

甲戌年壽天在辰巳令

肥王將之隣胃虛

方造門樓不半月主

粧瘁然中邪死

而子年都天在戌亥

拏長㮇停喪廬犯

都天嘴挫移之歷疑

志決煙以六月胡廣

七月胡逐亡

其重　在門者陽宅以

天氣為重故也

挖池塘溝渠以為界水亦有効耶曰嘗見人家陰陽二

宅之傍別家改造屋宇穿浚溝渠而此家敗者忽然而

興盛者忽然而衰非職是之故歟彼既有関乎禍福則

依運而造者正所以奪天命改造化也若於四隣之墻

宅無碍則可偹有碍於四隣墻宅恐傷天理切不可為

宅層間内外六事條分縷淅備極詳明五子尚以僅知

五十四問曰據宅法舉隅所云天心一卦四十八局門

陽宅少之然則陰陽二宅用法不同曰陽宅重局不重

龍重門不重山其起卦挨星之法最重是向移門改路

只在土木之工轉換之際氣因門路而入吉凶隨之若

陰宅山法先在尋龍點穴然後立向消水純是天成一

些差池斷送人全家性命彼朱旭輪乃無錫人與章仲

山同里又先後俱是道光年間人且是訣非傳不會雖

蔣公尚稱其師為無極子彼二人著書不言其師為誰

氏已屬忞本之人廬陵人曾余言章仲山遊維揚巨

族爭延之徒手得謝禮萬餘金不曾與人葬得好墳乃

熟於理氣而昧於形勢者也是以因章而疑朱恐其僅

知挨星之法而昧於形勢耳

五十五問曰天玉經云乾山乾向水流乾二峯出狀元

坤山坤向水坤流富貴永無貧午山午向午朝堂大將

朱所輯宅法舉渦

二册以淅威行世其

用法重檢早前軒

對待所見东偏

值邊疆卯山卯向卯源水富貴石崇比諸解不一雖蔣

公亦未切實指明曰說形勢說方位而瞎言理氣（此是

秘妙於形勢方位中也至於狀元大將亦不能拘泥但

乾為八卦之首又其為天門遇龍穴砂水極真極美〔方〕

之地合得元運又有文魁二星會合自然出狀元倘稍

有不的亦可出科甲不能掄元也但乾山乾向水流乾

乾峯出狀元其乾字上當下一或字或乾山或乾向或

乾水或乾峯必遇文魁二星會合之年月始然否則富

貴而已其餘乀山皆是如此不僅乾山午山卯山坤山

四卦己也但峯秀水曲者貴峯肥水大者富出人物俊

秀渾厚亦在此上分余曾見直隸蔚州李氏葬地當出

文狀元其家習武竟中武狀元可見習染使然地亦無

如之何矣曾見人家藏偽造之元空珍為祕本其解乾

山乾向水流乾後天乾上來龍為乾山朝先天乾為(云)

乾向身坐後天之坎以先天坎上之為乾水或用飛(水)

弔挨排由坐山挨起由向上挨起由來水挨起由水口

挨起看乾所泊之方為乾山乾向水流乾種之謬語以

亂真傳殊可惜也

五十六問曰南北各省竟有荒陋州縣從古迄今不能

出一偉人亦不出一科第何其凋散一至於此日大凡

此況出於天驚誤蔣

以自立辭正天元歌之

山乾向水流乾後天乾上來龍為乾山朝先天乾為

分別之章書則天驚

訣之仍可知矣

桐城戴南山清初之名都巨邑所占者皆風水之區一要城池得地二要官

榜眼也曾至衙之為署合宜三要文廟合式四要書院　培養英才五要土著

沙教讀五年至今為

乃文風獨盛他處人士立志向學再有醇儒指教自然文人蔚起矣不然

既不向學又無指教科第功名焉能從天而降耶如余

所謂龍穴砂水交魁會合之處豈百里之邑竟絕無一

有有是理有是事乎如近世河間人多閣官石埭人多

衣工撫州人多書客溧水多藥商曹州人多響馬南(又)

陽穎州壽春多掀刀捻匪之類蓋由比屋隣居見聞如

是所行為竟如是矣豈有大成山水專出官者衣工書

客葉高響馬掀刀捻匪之地者耶朱博短衣齊變楚俗

其教化原在人也

五十七問曰世有龍穴砂水並無瑕疵之地不惟不發

甚至敗絕曰此即是不明三元理氣僅據形勢之美好

不待合元合運之時而卽遷葬吉氣未到迗煞先來故

覆驗纍牘自可醒悟否則空談理氣敗絕相尋違云發福彼世之捨理氣而專尚形勢者可

不懼哉

五十八問曰墳地以元運判興廢旣鑿三有據在未葬

之時尚可趨避設若己葬得運之地忽交失運之時將

舉其墳盡遷之耶何以未見古人有是事者不特不見

有是事（事且有）自上元發至下元而不敗者是何以故曰

吾桐張仲嘉哆有厚後
乃祖墳自一世至今皆
是美地逮去父辛
相合肥李姓比次有□
不皆吉穴允賜爵
祖墳自高曾至封寵代必有新墳乃上元有上元之老墳至中元又遇中元
為長芗兆而及戢其
不過懵懂受之而已初未嘗偉兔也亦有三元不
敗者並非上元一墳能管至下元蓋百餘年間人非一
之吉墳即至下元又接蓻下元之新坋所以能如是悠
理自在但人不知耳如今日我明：指出得運失運之
效如是世故無玖遷之理而彼自得運至失運之時而
者尤獲校郎
大拜此素耳開其事
目見其地氣渭積德久此非積善之家有大福德之人不能

五十九 閱日世有古先師鉗記之說預定大地將如何
發達並未言當在何運發日鉗說之說尚布有之彼不
過據龍穴砂水之美好而言固未嘗言元運亦未嘗言

莹之信鉗記百計營謀
橫泓破産謀藝刎絕
筆不臊書皆鉗記之
為書之葉九卅地理
古咸都收各書盡為
主見帝能閱鉗記之
誤頗有卓識

不須元運且元運之名古師隱而不宣自大鴻氏出廛
偽術之混淆貽害世人故將元運特表而出之原屬一
片婆心俗子既不能窺其堂奧遂以為駭見駭聞又有
一種慕其名不得其傳自創一解惑世誤人致令謗元
空者紛起從此元空一道又復難明真偽殆天不欲斯
人盡聞妙道而生此種之魔障於世間耶

六十問曰鉗記之說果有信否曰有可信有可不信其
可信者古仙師遊踪所至見有美地未遇可葬之人特
留鉗記以待將來有德者其不可信者乃俗師受賄市
奸假托鉗記以行詐欺愚且古師鉗記最著者莫如郭

昔錦賓有一鉗記

景純劉伯溫皆抱負王佐之楊筠松賴布衣皆高蹈

地毀挺人以謀計隱逸之士旁通雜術偶一為之非若近世術士專挾南

謀吉葬之先考車遊說富豪之門惟知哄騙衣食者捏造鉗記飾繪圖

深心為感及全會車遊說富豪之門惟知哄騙衣食者捏造鉗記飾繪圖

地理往觀之乃此形不如此惑人不動也真識地者何必鉗記

興鉗記所言不符

其不足信也

此書中有筆譌抄差失落者例有叅記可認

此書原文刻板因當時失傳故隨筆錄之

歲在壬午時序清和安定胡煜明抄

此書中筆力不精�恐後之同人觀之

豈笑余邨無來字之精美或天竺

或苦功李余家事怱々未能用功也

後之君子觀者請原諒幸甚焉

靜恩居士謹識

地理辨惑

桐城馬清鶚泰青著

下卷　　　　　男馬　薛學庭較

同治甲子之歲余為辨惑六十條嗜痂者遂傳鈔披玩
見有獻地理書者（百元合會通將三元各強有二客冒然而來欵門而問曰近讀子辨惑一書洵屬
使為一玄是蔣公洞見所未見然既著書以傳世何不直指真訣使世人如
曰馬鄒沈水法攻而為三元之法一百地理通系暗室見燈窗得路誰不快歟何以作半含半吐之辭
云玄空者水法也言非辨惑滋人之愈惑也烏用子辨哉曰所辨者為（是謂）
者此方水色故為充人之惑於邪説特辨之使去其惑耳客曰今既熟子之
室乃怪誕之竟令人
齒冷

辨矣是以造廬而請其真訣可得聞乎曰余昔者足迹

近日冒眜求決者不責
己之無禮而謂余之吝
傳氣不自稍之甚矣子
日自行束脩以上吾未
無憾為所以又以此等
又過其誠敬信
宦

半天下竭賢致欲久而乃得今君欲於立設之頃即思
得不傳之秘夫奪人財者謂之盜君直欲挖吾之肺腑
烏手可容曰非謂是也以子之辨必示人以真知灼見
夫道莫大聖賢之學其為書也惟恐人不知不明如(叄)
子之言是惟恐人能知能明也曰聖賢之學乃庸言庸
行之常化不善而止於至善純是順乎天理若元空真
訣有幹旋造化之權使善人得之以獲福尚是順天理
使不善人得之邀福直是逆天理逆天理之事敢為(以)
之耶且禮聞來學不聞往教即令學者不似余疇昔待
師之誠敬尚不可傡宣敢更顯然著之於書不分善惡而

東華錄載康熙語之哉投明珠於濁水置美玉於汚泥愚者視之等於

時竊天監已紬三合砂礫智者惜之將罪投置之人矣君謂余秘而不宣其

而用三元後有三吾寧受隱祕之誚而不敢受投之置也罪其一客慚憤

合之徒結西洋南懷仁為之証是三而去一客屏息足恭而前曰誠如是言將遂終不傳歟

右而非三元遂復用曰非也適所與言者不自揣之人將以地理濟其私欲

三唇曉予南懷仁者也余是以把之苟能體善善惡惡之心則人人皆可

預聞真訣是地理與天理為一也余曷能終祕之哉難

其人耳遂相與問答復得四十條續紀於後焉

六十一問曰青陽桂丹崖諱超萬者精三元皆末第時

居京寓必改易其門路後由兩榜即用其居室每月必

元是非即
夷人也烏知地理
懷仁為之証是三

文昌魁星三者凡局以遷秘竟以觀察在閩東泉權藩而終日余初入都即知

廈門門路你尔存作者

其名惜未見其人而測其所行所謂必其墳已得地彼

用之将法再遇无庸

入以襍星法施之陽宅耳其改易門路以求中者即前

興年目之文昌魁星是
室

会合科第最靈驗所云取文魁二星會合之處也其每月遷移居者是（室）

取生旺之氣以趨吉避凶又聞其建造宗祠之後迴（也）

戴揆星真詮中

中武舉子點庶常亦承深明體用作法方能如是

六十二問曰千里尋龍到頭一穴而各書或云過峽高

則結穴高處過峽低則穴結低處或云岸山高則穴高

岸山低則穴低或云看龍虎二砂以定穴之上下或云

以八卦九星五行以定穴之深後者究竟如何點穴法

曰從峽上定穴者乃術士惡習諺張其辭於步龍時預

決穴之高低即至到頭勉強牽就此等之人余屢見之

以岸山定高低者恐其高壓故岸高則高點岸低則低

點若岸山遠雖高何嫌以龍虎定穴者倚本身無龍虎

脉生動比之如龍者特因其起伏擺折而云試看來龍

將如之何至以八卦九星五行定穴者更屬迷謬蓋地

九逆峽有仙橋仙帶在祖山粗雄跌峽一次則山漸秀嫩愈跌愈佳即至結穴

穴陵者與水木蘆鞭

歲文星形皆主科第山形土色全異而靈聚矣如無跌斷必左右擺折遇（氣）

及清高仝

擺折處必分枝開帳以洩煞氣大則為薫葭枝小則為

水木蘆鞭之類即至結穴砂纏水聚而生氣凝矣如是

謬穴之妙無逾於此非
踏穿多雙鞋底歷
編古昔名墓心領神
會者未易言此也

乎窩鉗乳突之形成浮沉高低之法定若是小小窩鉗
乳突是為少陰少陽即在其上點穴本無疑義倘窩鉗
寬大是為老陽老陽不可用須於老陽中覓少陰又當
於窩鉗中求乳突即為少陰倘乳突肥大是為老陰老
陰不可用須於老陰中覓少陽又當於乳突上求窩鉗（於）
即為少陽若大窩鉗中無乳突大乳突上無窩鉗又有
求暈之法窩鉗之暈如人心坎中跳起處畧有一點高
點門上吸動處畧有一點低厴是一陽初動若隱若現
便是穴暈立然水朝砂應龍繞虎馴其巧妙（穴於此自）

點穴之妙至此心細如塵影是一陰初動似有似無便是穴暈乳突之暈如小兜

處暗合天機俗師動云尋龍點穴豈易言哉豈易言哉

六十三問曰山岡尋龍點穴之法尚可習見習聞其平

陽平洋尋龍點穴之法僅見水龍經具其圖形究未顯

言其所以然點穴理氣之法曰大江以北東至齊西至

秦北抵幽燕平陽居十之六七平原居十之二三高山

大隴僅十之一二而藝山者甚屬寥寥無不從事於平

陽平原之地然北人俗厚質樸業青烏者無幾蓋不善

以求地乃克灼龜卜

三得千古名傳之秘

探習六壬數乃左道

以求之法納數灼中作欺人之事不似南人誑圖詭譎競挾南針自稱妙手

將奈之何媿甸於

真決雜逢彼淳者之多也至其尋龍點穴亦無真知卓見大約依局定

以肆其邪說

穴者居多其得穴與不得穴發與不發亦在人幸不幸

平陽之法雖以南耳余與李師遊其看平陽之法於綿渺一片之處細察

用者漸少

地氣之隱之隆之如人肉上之節皮中之脉若有若無

高一寸為山低一寸為水也有帳蓋也有迎送也有過

峽也有入首至結穴處或以水或以路或以低淺之地

纏繞交護龍穴砂水樣之俱全其穴形亦分窩鉗乳突

窩大窩小求穴求暈一與看山法同總要乘得元運生

旺而用之其發可翹足而待至若平原在原望之如（下）

同高山及在原上則砥平如掌一望無際與平陽無二

其結穴處有在原邊者有在原角者有在原盡頭者有

在原之中者若在邊者則下臨崖岸仿彿大江大湖之

更難於山龍頂全

副精神力而後

能定其穴

傍必左右有溝渠挿入交滙即在其交滙氣聚之處立

穴其在角者彷彿大水轉灣處形象圓淨理氣清純即

在其圓淨清純處立穴其在盡頭者則原勢漸底亦有

枝脚作龍虎拱衛與高山大隴乾流結穴相類其在原

之中者四望不見崖有溝渠則就溝渠有水路則就（边）

路水其認脉審穴仍與平陽同此皆從來無人細辨者

六十四問曰江浙盡屬平洋六朝以後代出名流而看

平洋之法可得聞歟曰平洋遍地水田皆人力瀦蓄者

耳當其未開田以前亦與平陽同一類也今雖已改地

為田其有龍有妙處田必高其界水處田必低過峽處

以上三節俱是要訣

神而明之供腋云

圓形察之甚

田必底窄開帳處田必橫寬其結穴處高田為妙抱護

於外低田為水環繞於內結穴之田高不過砂低不侵

水相度形勢或深葬或淺埋或培土結盤以迎生旺之

氣運作用之妙存乎其人亦必積善有德之家乃肯為

之施力耳

六十五問曰人咸謂元空之學只重理氣不重形勢今

聞子言重形勢莫精於元空者歟何以習三合者詆之

不遺力(餘)曰是有故焉元空之學可以挽回造化必擇(餘)

人而授必擇人而用則術者不得其門而入不得不挾

三合以求食遂以詆毀元空為能事俗人無知助之誹

芟之學偽元空者甚多

牛盡有无意焉有緣

者信其真者無緣者

信其偽者

謗而元空家懷不世之祕訣方晦跡韜光以避世俗紏
纏無心與之分辨亦不屑與之分辨彼皆自作自受者
蓋天也命也

六十六問曰高山大隴平原平陽認龍點穴既如此其
真且的宜乎古今名師扦葬皆當在大幹大枝特結之
處立穴乃考之殊不盡然其傍城惜局章就用事者甚
多曰是亦有說或正龍正穴當未可用之時用之惡致
禍不如就其偏側可用者用之以邀福或見葬家德行
淺薄不欲逆天以行事姑以其次者應之盡以年代人
事細詢之目見

或謂世間名師之高乃
積善之部少年今不
積善天乃生之師有
何用豈難有名師之學
見信於是此意戲言
也甚有理

古之神仙徒之為忠孝
之人指示奏地故修呼壽
堪與者謂之地仙亦可固為
識力高妙能轉移禍福
貴賤豈要於算乎今
之圖財朗之為謂之
話無常可也

六十又 問曰元空之術不云可以此行善積德何以又

有不輕為人施用之言豈不自相矛盾曰所謂行善積

德者乃遇人家丁稀壽促宗嗣蚤絕者為之扦一丁壽

之地遇人品學優長而貧困不售者為之扦一富貴之

地遇人世代仁厚又逢大地理應指示或其人世無大

惡身遭奇殊為之轉移化否為泰只要其人敬信不取

謝金是謂之行善積德倘其人挾富挾貴陰隲全無希

望非常福分以利為餌遠近奔趨若此等人決不輕為

施用余親見李師為一親王看生塋微嫌地狹王問其

奴曰傍是何人地奴曰民地也王曰可將我之界移過

去李師怒曰何不以價買而奪民之生產乎怫然登車

而歸王踉至寓謝過李師却聘不顧星夜命駕回里元

空門中專以濟世救人為念視王侯與乞丐均人也意

在富貴貧賤上分向背耶

緩之元運內 天氣屬

氣作三氣用今之言

元運者將三氣語為

一氣而誤非小

六十八問曰舊墳舊宅改向改間可以轉禍為福否曰

陽宅能陰地不能陽宅以門路通陽氣出入故門路在

襄敗之方不吉可移就旺運之方則化凶為吉矣至若

陰地以水口為門以元辰水為路者也若壞之上立（土）

碑為向非門非路可通出入僅將其碑改立一向焉能

轉移禍福此皆鄙陋俗師布圖謝禮登人之山即令其

改碑換向入人之宅即使之搭灶修方千人一轍無不
皆然揆諸其心原屬為已非為人也而陰地之可以更
改者惟平陽以水為路或小小溝渠立局可以改就旺
方如陽宅之改門改路盖陽宅之門即水口也路即水
氣也平陽之改水口溝渠與陽宅同或四圍置牆安門
迎生就旺亦是此意若係山隴岡原砂纏水繞高低顯
然天地生定無可改移豈扭轉一碑即能免欲造福耶
喜為是說者皆三合洪範撥砂輔星之流以二十四向
為主改一向則滿盤生旺死絕全變請以理度之豈（之）
有一片石碑能使龍穴砂水天地之氣隨之為吉这乎

近亦有用挨星法為
人移碑改向者是又興
合為後矣

以乾九紫運內所見
之山乃此斷學者可
於此中悟之

不待深究而可知其固也

六十九問曰昨曾同遊三處坐向砂水皆同何以一處
指其發富緩而敗亦遲一處指其應富豪而子孫不孝
一處指其主富貴而閶門不潔退而詢之皆然是從何
之處分判曰即從形勢理氣上分判其發緩敗遲者來龍
懶坦向中又是乾流其富豪不而不孝者來龍粗雄向中
又見反水其富貴而閶門不潔者來龍有峽有帳向水
又見之玄獨於龍虎之內皆是冲田左手辰巽上有水
塘一口右手酉辛上有水塘一口乃外局美而又得運
內水雜而又失運以至有此三合家只知生旺墓庫看

水來去豈知有敗運之水在內為害匪細倘是合運之

水當作吉斷矣舉世懜懜烏足與語

亡十問曰擄談陰地者則以幹旋造化全藉陰地而不

管陽宅其談陽宅者則以挽回天心全伏陽宅而不顧

陰地以二者較之孰為重輕曰陰宅猶樹之土壤也陽

宅猶樹之雨露也若植根肥壤縱雨露（露）期其枝葉暫（露）

時憔悴終久滋榮乃陰地佳陽宅否者是也若植枝癭

區縱雨露調勻其枝葉暫時榮華終必枯槁乃陽宅佳

陰地否者是也如此譬之最為至當細考二者之力陰

地當居十之七八陽宅當居十之二三而已

真詮．卷

確乎至情至理之言

竊奈陽宅為人朝夕

楊止之處故視陰宅

為尤先余是以栓

中之歲更注陽宅

立論甚高其理實正

七十一問曰陽宅書中有云人家子孫不旺者遷其父
母之床其子孫即旺有驗與否曰所云者老八宅之法
遷其父母之床於生氣延年天醫之方耳不能十分効
驗余元空術中亦有是用法盖床乃生人八尺之穴活
六時中有六時坐臥其上死骨之塚尚可蔭其後人活
親之床豈不能蔭其子息余曾試為兩人催入津其準

七十二問曰揆星之法既少真傳如是三合家有三手
匝貪狼之揆星有輔星遊年翻卦之揆星元空家有又
乾種之揆星獨范宜賓之揆星圖風水一書遵中之地
花宜賓偽揆星圖藏
乾坤法竅中鄭西戴各
總問名仍揆星在四理理錄要中收之地理三字經極讚之然則揆星圖近手

錄要中天驚諸偽
挨星在地理十二種中
取而閱之自見

真耶曰是則是非則非焉有似是而非近乎真之理徒
足以亂真耳其所分者子午卯酉乾坤艮巽八天元寅
申巳亥乙辛丁癸八人元辰戌丑未甲庚壬丙八地元
從山挨一局從向挨一局共成四十八局將貪狼巨祿文
武破輔弼挨加天元之八方地元之八方人元之八方
以廉貞入中惟有八星左旋右旋以貪巨武為三吉挨
加於砂水之上尚有如是地卽如是挨此法與生旺墓
庫遊年翻卦死板格局有何分別真正挨星訣法雖
欽定恊紀辨方中亦僅存三元九星之文不得所用之
訣附存之以備衆考以 國家之旁求博采亦只與(刻)

自道光年間見武進趙湘帆、樂亭李程萬兩先生之後，洽見王雪樵，知挨星猶未能窺金針之全豹，集著李季荃、廉泓看，視三年間之，又見尚碧甲卯乙之陰陽，不用戌乾亥之陰陽，八宮九運皆是。

之，以文不語之，以訣足見前賢之秘，一至於此。

七十三問曰：蔣公羅盤四正卦每卦兩陰一陽，四陽卦兩陽一陰，蔣公立法如此。范氏陽順陰逆依法挨加，其錯在何？慮曰：蔣公所謂陽順陰逆者，謂各宮陰陽當是如此，以此為法，非死定在本位者。如二黑運內二黑入中，一白在巽則辰巽巳三向要用一白壬子癸之陰陽，不用辰巽巳之陰陽。三碧在乾則戌乾亥三向要用三碧甲卯乙之陰陽，不用戌乾亥之陰陽。八宮九運皆是如此，運元妙無窮焉，特擎天心正運下卦起星之大用。若誤信偽術，此慮一錯則滿盤皆錯矣。

天地之事不能皆齊七十四問曰羅經有中縫正三針今蔣法只用正針其

一也以天文周天三百六十五度四分度之一中縫兩針竟無用耶曰余昔曾學三合讀羅經解研究

實日行三百六十五日二十五時　三針作用曆試之皆不及三元之驗雖三合有正針偏

零三時也尚歲差五東三分之說而縫針回兩又不在三分之上西洋土圭

十秒每歲十百之正　測影亦有正針偏東之說其縫針既不合正位且用之

三音五十四日此其差之不　齊也地之圭影與羅無驗蔣公用正針試之既靈一依正針為是至於中針

往之正針差三分　蓋偏徍東更屬毋庸置議正針之源始自黃帝周

此地之不齊也自古南　公中縫二針托名楊賴以之驚愚則可施之於用則誤

紫針定八方以針分　公中縫二針托名楊賴以之驚愚則可施之於用則誤

由來失矣今第以正針　人多矣　十五問曰賴公二十八宿撥砂法鉛彈子穿透真傳

萬馮君必問圭影答之此

賴布衣名師也佯狂
玩世以酒自晦知器
不輕以下藥喜作此

陵人偽造君必
無稽之談郎此必

張九儀專成一家之言極謗其神奇痛詆元空為無用

其撥砂法果有驗否曰余昔亦學之及乎既明元空之

後考覈之終是合得元空之旺砂則吉不合者不驗而

其中最不經者莫過於日月之八宿凡二十八宿周布

於羅經之四方每方七宿以木金土日月火水七政配

之按天文書日月自有日月之本性張九儀以虛房畢

星四日宿為火已屬牽強月則與水同類者心危畢張

四月宿亦指之為火遂謂火星當有十二宿用之最利

彼特不自知其誤謬而詆極元空多見其不知量也

七十六問曰俗稱黃泉法水云八個黃泉能救人八個

黃泉能殺人其能救人殺人莫非即是元空曰元空誠

能救人殺人却非是黃泉其歌云黃泉庚丁坤位是黃

膏連之吉水或薰之泉乙丙酒防巽水先甲癸向中憂見艮辛壬水路怕當

不取或並他向以避之乾不過庚丁向不宜坤水乙丙向不宜見巽水甲癸（見）

之皆黃泉兩字誤向不宜見艮水辛壬向不宜見乾水而已使見之而吉

則呼為人黃泉見之而凶則指為殺人黃泉去（全）屬反

覆無憑之言又有解者來水為殺人黃泉去水為救人

黃泉純是胡猜亂摸而已若依元空只取天地生就之

形勢往來消長之氣運立向消水不問其為黃泉也

七十七問曰乾坤艮巽四黃泉既不足為憑又有乾坤

三合家往往遇富元

艮巽四御街亦不足為據則元空之可憑可據者何在
及水法之佐雜則真乃二宮若作庚向使向中之水兼見坤流是由七兼二

雖駁黃泉之非而言曰即以庚丁坤位是黃泉而論庚在乂宮丁在九宮坤
也作丁向使向中之水兼見坤流是以九兼二也依元
空論之既非一元謂之駁雜不純再交出運焉得不敗
焉得不救人若庚丁向水專在坤宮左不兼丁右不兼
庚清純不雜再交吉運焉得不興焉得不救人若坤向
見庚丁敗亦如此所以謂之御街乃水法清純又乘吉
運故也倘乘凶運一樣為禍其犯駁雜者乃七九得運
二宮失運之時即至二宮得運七九為失運之時永無

全吉之曰彼不能知所以然遂呼為殺人黃泉而已

七十八門曰古今帝王無數焉得如許天子地以葬之

曰葬天子者非天子地也如胃創業之家其起初必世

是一大貴之地可自白衣而致卿相以後有一平穩穩

之地即可保其一代富貴帝王之地亦然必其頭一代

帝王之祖若父葬於正幹正穴真穴真帝王地生王開

基建國以後但得龍真穴的之地合元合運自然四海

昇平萬方底定矣古今來惟中幹龍北幹龍所出帝王

能混一宇內中幹龍昔連岱泰今隔黃河南幹龍則割

據及草竊而已雖建國亦不能久史鑑具在可為證也

同治三年黃河北

徒自刊津入海泰岱

又與中幹連矣

七十九問曰平民地有吉凶關乎一家帝王地有吉凶

關乎天下使厲擾亂之時平民地將無權耶曰不然當

賊寇縱橫之際其地吉者雖頻遭劫掠終能獲全其地

凶者雖遠避他鄉不遇殺戮亦必死亡此親目所擊之

事非徒托空言欺人者彼言地理者曾有留心考驗如

是者耶

八十問曰陰陽二家之言既如是矣至其臨事之時無

不重慎選擇謂選稍差能陰陽二宅轉吉成凶減（擇使）

其福力其擅選擇之長者誇大其辭直謂選擇之法以

須動土修方可使凶地凶宅立致吉祥倘三家之言盡

行將何所適從曰陽宅之力不敵陰地之半於第之十(所)

閭已詳言之而選擇又其末焉者矣其大暑避却太歲

三煞歲月日時之空破與化命祭主之形冲尅害足矣

至若七政四餘選法分恩用仇難以為扶助趨避楊公

造命歌備言其旨而遠省辟縣臺歷難致精者甚稀即

或用之轉滋詫異鄉曲愚人咸奉鰲頭象吉等書拘泥

種不經之神煞雖有　欽定協紀辨方闢其謬妄而

表其長子十六聲庸俗信之自若余遍考新舊名墓以及村落墳曆尺據

形勢理氣以決禍福無不瞭然並不問其何月日時神

煞吉凶可見選擇之力不敵二宅之形勢理氣且世家

周萬鄉鎮軍提地

金陵香樹樹見

新壙乃甲戌年葬

都天在辰巳適犯

其方卯於三首弯各

中生事發遭不測

里中張姓延許姓地師

巨族高碑大塚其選擇非不慎重講求何以葬非其地

子孫不免歇絕其歷代王侯營兆非不有司天太史為

擇期發至冬月許矣但見世俗卜葬課單置理氣之真吉凶不論專（形勢）

譯審何以葬於凶地補救無靈其或不待辯而自明

爭曰此地此塚非昔

講日于之扶山補龍扶之補之之法夫墳永遠長久之

曾時名為迫令葬

地惟形勢理氣是憑豈一日之干支即扶補龍山使之

之退而謂人曰第不

需錢巨矣謝金優永長不替乎余每為人扦葬是吉地則用是凶地則不

用只依協紀辨方避却刑冲尅害葬於合運之地無有

不吉願天下嗜斯道者孟宜勤求形勢精習理氣毋使

本末倒置而已

楊公以此卅七星加輔弼
二星名曰磨頭又此之名
此書九宮致語佐曰止於九蓋
漢論金著九星況
二扁特為辨之

八十一問曰今人看巒頭者指楊公九星為老九星不

以為重而專言廖公九星似勝於楊公九星而子則專

言楊公九星必有所見而然耶曰星何常有九而又何

止於九蓋水曲火尖木直金圓土方此五行之正形楊

公因其形之難拘於五故取北斗七星之名而盖之以

輔弼以為九又慮其變化不定故於撼龍經中備言棄（為）

帝之形旬楊公以前原只五星無九星也廖公承楊公

之後亦因其變體而五九星之名復窮之九八十一

變之穴象是皆恐後人之拘泥而為之立說耳其實總

不離五行之正形而已若景純葬書何曾題說今人（有）

雖以九星以定穴揚不

在學者神而明之意

又強為分解以楊公九星為看龍之星廖公九星為點

穴之星然楊公經中不云貪狼作穴是乳頭巨門作穴

離手嘗鉗乳窩窟
窩中未武曲作穴釵鉗覓祿廉梳齒剣鏺頭文曲穴未

坪裏作高處亦是掌心落輔星作穴掛燈樣縱有圓頭

亦凹相此九星在龍身行度多者即以此定結地穴形

否則於祖山與父母之山相類是何星體結何樣穴或

即以本山星體定穴惟弼星之形低平不在龍身上見

而在立穴處見者即窩鉗中之突窩鉗中之暈是也楊

公九星何嘗不可點穴既主楊不更言廖恐五說駁雜

聞者易於混淆耳是以嘗言凡係巒頭之書不過大同

馬泰青自批注《地理辨惑》（虛白廬藏本）

九五

學者苟不知孰真　小異尚屬有據有舊之言盡皆可看至言理氣則東寧

叛偽何只將名傍肩而就左轉右旋使五行失其常八卦失其序山水無言

孰空山二三考驗乎而不之覺余不憚煩以申述者無非

各一失者為真偽其笑禍萃於人身

是偽非者為偽

欲喚醒癡聾

八十二問曰子言看地首重形勢既得形勢再進求理

氣是理氣寓於形勢之中今三合節〻步龍何字落脉

何字過峽從水口看是何庫與山脉相合然後立向消

水亦是得形勢以求理氣何嘗不是氣寓於形子獨刃

辨三合非是何也曰看龍之法原只在龍身看其是何

五行星體落脉宜柔細生動不宜粗蠢兀硬過峽宜跌

求地之法以審頭形局
為骸以對待流行為體
中闡天心一卦為用撰
星順逆為用中用畧缺
不可今之卿々究室者
往々得其一而遺其三

斷不宜剛直開帳前抱不宜反飛起星宜端正不宜(宜)
傾斜自祖山步起節々分枝蛻為枝蛻為大幹
傍幹蛻為大枝傍枝大九祖山必高峻粗雄開一帳則
山形一変跌一峽則土色一変由高峻而変和平由粗
雄而変清秀即至成局結穴之時砂環水聚穴星呈象
中有似石非石似土非土堅細之好土或五色兼全或
純是一色與穴外土色迥乎不同或生圓暈如太極之
形楊公疑龍径中俱詳言之何嘗拘々於其字龍必興
其字向水為三合余遍考之率皆牽強無一合者即所
謂合者其立向或迎生或迎旺或朝御街或朝墓庫或

或得半而遺其半或以小龍虎為水庫或以大龍虎為水庫或以龍虎外不
師之道石肯畫傳威師之術苟非金令秦竟見之口為水口或羅城總水口為水口乃盡是李代桃
以十六年間遇趙李僵全無把握殊不知入山尋水口乃於山之水口見其
兩先生發洩全會交鎖緊密或兩山夾立如門或山脚交牙不使直洩而
不可謂厚幸也

去或狹如石柵將山內眾水束住一口而出或口外之
山有日月獅象龜蛇各種之形鎮住水口便知其內必
結美地並不問其水向何方何字出亦不問其在穴之
何方何字出而指為其庫也山之氣陰也自祖山起伏
擺動而下行水之氣陽也自總水口盤旋曲折而上行
同會於結穴之區水之三又抱穴後山之龍虎抱向(回)

此亦緊要之言為
辨運與穴辨言法

穴前山水相抱即是陰陽相見此謂之妶媾有情者是
也往前看穴上所見出水之處一出不再見者為去水
之方往後看穴上入首之處為來脈之方以元空理氣
合之合吉則吉合凶則凶自得訣以來考之萬無一失
使三合各法果靈驗勝於元空余豈顧棄諸家專而學
元空耶人孰無親焉敢以無稽之言誤人而先自誤其
身者乎

八十三問曰青囊云山上龍神不下水水裏龍神不上
山解者多以二句一是看山龍之法一是看平洋水龍
之法蓋龍多有龍而無水平洋多有水而無龍其說

豈運地氣也水之運天
氣也此二氣最要分
明所謂山高坐也
水高句起蓋非山龍
水亦也不然何不言
龍水龍而言山上龍
神水裡龍神卽

是否曰山龍穴前多乾流乾流何嘗不是水平洋穴後

多低坦無星峯其脉伏行迤遲而來到穴其來處何嘗

不是龍但此二句所言者山水之理氣是也蓋山有山

之運水有水之運山之運不可為水之運故云不下水(運)

水之運不可為山之運故云不上山苟有此理看山龍

之時亦看其水之運看水龍之時亦看其山之運豈可

將山水解作兩厲但勿令山水淆混之意

八十四問曰地理之書遠自海角青鳥降及唐宋元明

為書甚多子獨沾沾於景純筠松及大鴻氏之書毋乃

固歟曰海角青鳥二書託名最古其書卽偽之尤者不

實不知造偽書者好偽
古人之名是何肺腑墨
明知其書之非是時
借以欺世非偽托亮
不可

必細論其他只看其措辭周秦時之文字何等古奧况
海角經為黃帝時九天玄女之語何其酷似唐以後之
言耶青烏經樗里子所著其人為秦王之弟周時之王
侯皆人君也漢以後則為人臣矣秦以前後無營葬欲
得地為王侯者宰相於祖龍時始為極貴之官秦以前
宰為宰相為相並非大貴之人沙堤者乃唐時拜相之
禮周之時焉得有此乎豈非皆唐以後人偽書天下
惟真者不假人之名假者豈有真訣也哉雖楊公之（名）
書流傳日久亦被三合家塗改以附會其術幸蔣公得
古本暢為註明使天下後世復覩楊公之真傳景純葬

書所言者均是形勢三合家亦無從塗改尚將形勢之
生死註作旺墓庫之生死此乃固執不通至死而不
晤者也夫看地之法最難者形勢自祖山出脉奔騰踴
躍閃跌隱現橫飛逆上側落回顧變換不一愈奇愈真
窮其足力目力始有心領神會之時原非一朝所能得
是以古之葬書重言形勢至於理氣口傳心授立刻可
明至簡至易故不輕露於書乃三合家以羅經解為理
氣真傳奉為至寶轉視形勢為末務每與之登山未曾
立定先用羅經以詼三合四庫如是看法究誰為固執
之人耶

九宮八卦人人知之
而石鈕用此父幾句
口訣

地理闇乎祖宗墳墓

八十五問曰從來地理書中言巒頭形勢者有之言諸家理氣者有之絕無言及三元為理氣者自大鴻氏出者惟恐不明地理点源細始以三元為理氣世以罕見罕聞疑信相叅原非得已心訪求三元三合孰是子何闕之罪之甚耶且如子言元空法至簡至易何以前此未之聞也曰余非罪其他罪其甘受諸家之愚者抑何非然竣信其為之附會標榜不知元空之神奇竟肆其詆毀阻是而责其非豈可慢弄轉無覺察逐可誣道撓陷舉世之人於水火中耳若謂無書玉鏡經即是玉函遺意非其書耶三元九宮非其位耶但末將何者用之於山何者用之於水分別指明世俗既不解用之法又不解用之效書雖存俱置而勿論蔣公得秘傳申明

自乎子視之奠大於此

聽堡誑耶

其效驗其訣雖易得之最難必待其人而後語之否則
奉之千金弗顧也於寶惜秘訣之中亦隱喻人以勸誡
之意使人人以孝悌忠信自勉則斯訣亦可盡人而語
之矣夫遊食者以此謀生不得不固執以誑元空而無
又信鉗記誤賣者
無言習元空則羣起誹笑余於地理無所不學終久是
石華三學偽元空識者亦喜妄加指摘余昔初學地理時看諸家書則人
所以笑余者固異之矣
嵩山地人不知所學之元空極其靈驗其諸家書之所以誤人者皆附會標榜
非逆相戒元空不
可學
太過之故也
八十六問曰吾子得訣甚秘立論甚高此子元機引而
不發雖云辨惑究未能去人之惑也後之人讀子之書

將疑子徒知善辨實未常得訣誰又為子辨之曰余
宣故為秘蜜乃守蔣公及李師之誠耳昔亦曾為數人
言之或淺嘗而不深信或得魚而遂忘筌余由是三緘
其口必待至誠篤信之君子而語之耳今試畧舉二人
一為同鄉老友察其心地樸實因以元運往來消長山
水對待流行傾心相告彼亦不考其靈驗與否去而謂
人曰豈有秘訣乃老先生常談耳一為相戚值咸豐丑癸
粵賊陷城其人約與其患難且求真訣余應訣之失傳
遂告以天心正運下卦起星之旨無何仇家引賊索余
甚急非以賄解不可余乞援於其人竟不之顧如此等

人不一而足子謂余之守口如瓶不亦宜乎亦常憫人
之疾厄困窮為之擇地塟親乃疾者愈困者蘇自慶其
否運己過泰運方來竟忘其俯首乞憐於誰也近代人
心不古居家不講孝悌出外不立品節欲徼倖於陰地
以濟其無窮之貪誓不濫傳悠々之口其如余何
師至則又指為非是再延一師更有一番批駁雖三合
與三合不同元空與元空有異豈眼力不同耶抑用合
有異耶曰形势之美顯而易見自是千人一律無可異
同惟作用之法元空重在乘運乘時三合不過眛於時

閒曰近見人延師卜地每々尋得吉穴偹另延

下皆是也

弓徬通鏨踿々者无八十七

運至於形勢則一也而近世俗師之批駁原不在乎形

勢之優劣在手言人眼力之低小以誇其本領之高大

使主人翁捨此另圖遂得居功索謝此皆各為門戶起

見是以三合巒三合者有之元空巒元空者有之入主

出奴紛紜聚訟皆市儈之心術士最惡之習無主見人

未有不受其愚者要亦其家之陰隲福命所關耳之中

蓋有使之然也

八十八問曰叢葬之處墳塚相連不過咫尺間耳乃諸

墳不發竟有一墳獨發者殆即經云請看人家舊日墳

十家墳下九墳貧惟有一墳能發福去水來山盡合情

是地非地闖乎人身家

性命豈可以徇心是

己非人誤人之事近

日術士昧心無不為

其合情當是如何曰非獨山水之形勢合情乃山水合
元合運之情耳不然恐尺之問何分瑕瑜在山龍穴小
高有得穴失穴之說若平陽穴形寬大一山數穴焉有
區別其不發者必非其元運之時所葬其發者必正當
元運之時所葬合情者即合得天心造化工也明得天
心則於葬事有何難哉
八十九問曰每與吾子登山覆驗舊墳即知其吉凶雖
年代遠近房分公位所主何事有如目擊是用何術出
於何書曰豈号有術豈号有書皆是以元運之得失加
於龍穴坐向並各方公位砂水之上即能知其遠年近

合元合運之情六字
即是祕訣歷年考
證真寶不虛

代在何公位即屬何房吉則為吉凶則為凶至於如何
之吉如何之凶八卦之中各有所主周易繫辭言之最
詳俗術洪範三合納甲翻卦謂之周易可醜之極若元
空真無一處可離周易者若謂之術輕視元空矣

十問曰嘗見北省地師至南省看龍點穴輒高下失
宜南省地師至北省看平陽定穴覺恣然無據雖素稱
好手者至此亦失其所長其病在何處曰余前已言地
有六樣看法而理氣作用總是一法也其分六樣者形
勢之不同彼南北地師果係好手而犯此病者乃只閱
歷之過也病在不諳風土此情形倚於初至其地之先

葬法古今不同南北靈充

古言葬深今之葬淺南北
人葬深南人葬淺又名
雷土修石角惟候其
宜而之

將地氣厚薄土脈淺深覆驗確實已葬老墳與理氣絲
毫不爽然後為人作用焉得有錯誤之理余生於陝家
於皖遊燕代涉齊豫維揚抵姑蘇幸於六樣形勢皆皆
得親見之是以諄ミ語人首重形勢者即此六樣之形
勢次重理氣者六樣形勢俱不能離此理氣也
九十一問曰凡詮元空者無不以翻卦為主今讀子之
書從無一字言及翻卦經不云翻天倒地對不同其中
秘密在元空又云顛ミ倒二十四山有珠寶順逆行二
十四山有火坑豈秘訣在是故秘而不宣耶曰顛ミ倒
順逆行有珠寶有火坑皆是指山水辨理氣而言山有
畫多少瞭明人
為翻卦二字該書從無一字言

凡人之山看其龍昌
方未水順何方去砂
方有何方要再查
是伭才高何方低何
可會也

山之運水有水之運以二運相較有似乎顛倒而實非

顛倒也使山水各得其運則全美有如珠寶矣盖山之

運順行水之運逆行其順也自然之順其逆也自然之

逆非是偽造挨星圖之左旋右旋之順逆倘不明順逆

則用之皆為大坑矣水之運天也山之運地也以二者

其家之皮翻何房對之迥乎不同故曰翻天倒地對不同非獨一山一水

其家山房對不同即此元與彼元亦復不同知得其中秘密即

知理氣矣何用翻卦世之慕元空者最喜在挨星翻卦

上着想枉費心機故盲解曰以多也

九十二問曰北方土厚水深其葬也不事版築不用灰

九地先看龍穴然後炭南方地卑水淺其葵也堅築石灰以隔水蟻加以炭

成爲與君次看對　末以隔樹根甚至朱紫砌以磚椰豈不與死欲速朽

待流行今運與君之言相悖曰母使土親膚亦聖人之言也然余在南北

再看天已巳運生冠　亦嘗爲人遷移舊墓矣北方之葵也以土厚之故其穴

與君竝後用挨甲之深或至大籤縱淺亦必六七尺又北地少雨葵後堆

穴之肉之爲加罘苔依土之時只用數人踐踏不崇朝而事畢矣其土有枯燥

次而行之乃爲盡　之土有潮濕之土皆是無龍無穴之地至掘起之時其

吳畫善　枯燥土中之棺雖無水浸亦乾朽如灰其潮濕土中之

棺必敗毀如泥但無白蟻耳南方之葬也以土薄之故

其穴之深僅只五六尺甚至結盤培土成墳尚遇風吹

雖浮美地吉穴其葬

法亦不講植樹之害

尤宜慎之

水刦之地其潮濕固不待言而白蟻先肆咀嚼矣至於

龍真穴的之地其土如有油潤見風即乾其棺與骨如

初葬之時一樣仍有溫暖之氣甚至氣出如蒸對面不

相見南北之美穴皆是如此但南方多雨澤霧露有辰

灰堅藥免令水氣滲入又南方土鬆多樹木之根有炭

末隔之則樹根遇之即止皆目擊之事然富室俱喜蓄

樹蔭墳惟松柏根伸不遠亦須在二丈以外防其百餘

年根亦伸遠也最不宜者烏桕夜合楓與粟等樹其根

能串行滿山雖數十丈外亦不可留也邑南郭有古（三）

墳數塚地濱大河皆二三百年者平洋葬法也道光年

間邑大水河遂囓墻石灰皆現好善者斂金徙之及鑿

石灰其堅如石棺外並無一些潮氣乃棺底亦用灰堅

山者其棺頭入土尚深其棺足入土最淺蟲蟻樹根往

往由棺足而進今之葬者亦宜於棺底先堅築石灰一

層然後納棺於上與以與四圍及頂堅築為一蟲蟻樹

根亦無隙可入矣

九十三問曰龍分兩片陰陽取水對三叉細認踪是如

何分取如何對認曰兩片者即一陰一陽雌雄夫婦賓

主之象也三叉者即合襟元辰零正動靜順逆之處也

築與上下四旁連合為一儼然石槨也棺仍如新今葬

葬法無他取其堅固

可久窂邑

元空之訣屢之明言

原未秘藏

一言山分山之運一言水認水之運所謂地畫八卦誰

能會山與水相對是也青囊序八十餘句絕無一字泛

言總揭元空因形求氣彰往察來之妙使觀人成敗吉

这瞭如指掌神而明之不啻元珠之在握也

九十四問曰北方地平水遠隨處皆可葬墳風俗樸誠

人死即葬其浮厝者甚少南方地狹人裯水陸相半揀

地者不得不求之於山岡貴者居奇買者猶豫術士又

從中煽惑之則篤信者如是先言厝而後言葬問有厝

而吉者亦有厝而凶者其厝之吉凶與墳之吉凶同乎

不同曰墳之所重者龍穴砂水厝之所重者局勢向水

目觀屍之為實筆不必有龍穴也只須朝向水法合運俱是一樣發跡但
不腌書而相恨陌目

葬則骨安而親寅與天地共久若唇則魂魄未安兼有
水火賊盜之虞其屍者固宜速葬縱吉者豈可因己之
僥倖忍令親骨久傳不孝之罪莫大乎是編誤無知固
屬可笑乃士大夫踏其轍者更甚編誤豈風水能惑人

人自惑耳
九十五問曰山龍於護砂之上有空缺處謂之凹風平
陽後無護托左右無護砂四面皆風乃穴不畏四面之
風獨畏一凹之風却是何理曰亦嘗於起墳時見之矣
凹風在左者棺中之骨必吹往右邊凹風在右者帳中

竟不能改

足見天心與挨星自
唐時以天心作挨星者
已有之矣要使平舍言天心
謀用方之多也

九十七問曰經云惟有挨星為最貴洩漏天機秘又時
師不識挨星學只作天心摸何以挨星之重一至於此
曰讀書者亦不必如是拘泥此不過讚元空挨星之好
而己夫地總以形勢為體理氣為體中之用挨星乃用
中之用又其次也其不識挨星學只作天心摸云者
不言天心自是挨星蓋挨星天離天心而
而僅止天心也余前所云文昌魁星會合能發科甲亦
能擇吉修方催人富必須形勢佳理氣合而加之以貴
挨星方為全美若形勢理氣俱非縱伏星挨取効一時
亦難久遠章仲山雖得蔣公之傳好用挨星正坐此弊

九十八問曰依法而葬自應富貴但有大小之分久暫

之別當如何決之曰行龍有星峰有帳蓋有護從有垣

局合得元運而葬之即主大貴若行龍單弱帳蓋不全

大湖之朝水不拘水之遠近但有一口吸盡之勢或大

護從無多垣局狹小雖貴不大其大富之地或收大江

河撲而入懷或大塘滙聚明堂雖旱不涸者皆主速發

大富若水路細小或是流皆主小富雖發亦緩尚看（乾）

其人之根基才具何如根基隆厚才具精明者地雖小

而發亦大根基卑薄才具平庸者地雖大而發亦微至

於久暫則看元運之興衰可以知之近世地師為人扦

狀元冠多士三首辛

相班百寮之王故今

美之術士即以是誤

三三至死不悟

元空者元妙虛全在之骨省吹往左邊在後者必至胸次或至足下或將（吹）

善觀空與不空耳骨吹鍬入手如粉或骸骨不全若此者屢見之實真有

尋龍點穴識厚穴之事也余揣其理蓋凹風之吹穴如人之撮口以吹物

是穴穴四顧有當

空而空實空實

者當空而不空曰市家宅廟宇則其屋左石之風射穴亦如凹風主人禍

空者吉當空實空實專吹穴故無所畏忌亦不主吉凶倘數十步內外有村

其氣最專之故也若平陽之風匝地而來寬闊一片不

廿人不知遂言元空福平陽無砂無峰其村市家宅廟宇即作星峰論若在

是看水龍之法不知旺運當高而高之處主有吉無凶反是者有凶無吉即

其看龍妙龍神耳

前所云陰陽動靜之義是也

九十六問山隴岡原平陽平洋六樣龍穴其穴中土（曰）

色同乎不同曰凡山龍平岡自祖山落脉或龍身帶石

或本山帶石則穴中必是似石非石似土非土之土在

中撓之如粉見風日即堅硬如石極佳者成太極暈

至於平原平陽來有（多是淡黃之細土或紅黃青之細土）太極暈若平洋雖在萬頃水田之中池

色極佳者亦有太極暈若平洋雖在萬頃水田之中池

塘港汊之側其結穴處果係龍真穴的其土色乾而不

燥潤而不濕捻之麵（如）不夾砂石污泥者即是好土亦（如）

有成太極暈者倘夾砂石而又潮濕乃無氣之穴如局

勢合宜向水純淨只可為厝不可為墳也若（結）盤安棺埪

土作塜名雖為葬仍與厝等耳

近日坊中有固理氣雜穴

得真傳乃專以意

為主亦求地之法但

莽廢之禍聽受

而已

一穴即許以狀元閣老並不問山水何如者皆謨墓之〈

姓賈山墓橫開穴別申九十九間日三合黃泉之八煞不得謂之煞既獲聞命辭也

出水湯天数墓徐圖之矣請問元空之煞曰元空之煞無一定山得運之處宜

陰陽陳怒陽喜曰者二有山不宜有水；得運之處宜有水不宜有山不宜有

人恃四手足既以為佳而有之即是煞矣再逢大歲到方冲合剋年凶禍立見

相送素吉翁可羊徐余有從姪因兵火將其父用磚椰厝於山中近十年矣

語塞湯呼人畀其柩余余曾見之尚屬平穩後延徐姓地師云是祖傳元空謂

末柔馬立圍月而煞氣關在椰中急開椰抬棺出未百日男以痘殤又數

徐死聞者快之

月誕一嬰兒七日而夭棺在椰十年而剖無乃出椰不

昔避亂山中时有霍
山拖狂地師用偽撺星
圖云無極 ? 得半
二 ? 傳而授蔣公者焉

云是所遺 ? 呼而
朱盤

半載而如是伊誰之過歟夫理氣之煞原在山水工見
而形勢之煞如山惡巖凶溝直水反尔舉眼所能辨選
擇日時之神煞事過旋忘從末閭閻煞於櫚中者有此
不料元空有此癖等人造作妖言誤人性命雖逃法網亦難免其誅也言
祖傳者必其祖實名係師始可謂有傳授若尋常江湖
遊食之兜孫縱祖傳烏足深信如執村學究之子弟尔

可呼之為世代通儒耶

一百問曰元空家動云恐淺天機干犯造物之忌究末
見干犯者如何遭譴曰有之首不覺耳余姑舉數人（人）
以為證明末時余鄉有史仲宏先生者風鑑之國手也

其傳載邑志中邑之名墳名宅大半出於葉手遂自留

一穴於宅後之山植松一株以為記臨終乃告其子命

葬於松下既殁其子舁柩之山則前植之松已枯復生

一松滿山如林不知穴處夜示夢於其家云吾擅為人葬

四十餘棺已受冥罰不可葬此地乃別葬焉余曾登其

諸家後裔不聞出一松滿山

賢哲偉人豈揀吉而畫耗人之田者乎

此外名手曩多所葬袍山穴雖尚存已被挖樹取土雨水冲塌不堪復用矣又

少獨榕桐方明義公道光初年余鄉有父子兄弟沿為庫吏素無善行聞湖

張大奈公姚同邑公皆北屈姓地師至備禮迎之相極優風不知其為人但（待）

精地理馬三族之鷯墳感其禮貌之隆許為覓大地屈九空高居數年果

皆三云午折者其陵名此能鄉理學科不可悉數所以得一地於棕陽擇日營葬開穴時土色甚佳俄而化為

多人擇地於己有損

實實非虛言乃古諺卻

邱楊曾吳廖皆賴其

事蹟傳播人口賴以

馬泰青自批注《地理辨惑》（虛白廬藏本）

一三五

竺者以自弄聰不

預入間事彼豈卸（卸）

諸云未常非浪泄

天機之過偶明斯術

者可以隆首濫用

且不可濫授孚

一　泓清水屈方（食）牛腩聞之大驚遂得噎病數月病盍（食）

其其勸之歸屈感其之情必報一地然後歸猶力疾入

山於五領河得一地預定當出一榜某大喜屈云聊以

塞責此地不如地遠甚殆有命焉不可強也塋墳之（前）

日屈在穴傍大笑忽嘔一血塊破之即前食牛腩也病

亦尋愈其之姪竟中北闈鄉榜今敗絕僅存一二丁流

落無家可歸則史屈二師非遭譴而何余今於問答之

中互文示意蔣公法隱然宣洩無遺實為憫孝子慈（心）

孫呼天無告之苦衷故情不能已上蒼及先師其或有

以鑒諸

此書雖一百問而家
究雖繁綱不離形
勢理氣其反覆申
述猶似重見疊出
實以不以此不能盡
其精微列一百問作一
篇文字觀可也

以上辨惑百條鈔錄既就不禁莞爾自笑曰世之造
偽術者惑也信偽術者惑也余復應人之惑更為孜
孜講說而特為之辨惑者亦惑也古今來惟忠孝賢
良道德仁義澤被當時名垂後世是人人最急之務
若求地安親妥靈為忠孝仁義賢良道德仁義之脚
可若以之求富利達趨炎附勢荼毒生靈則堪輿賣
一道實為天下之罪人奉勸士君子時刻撫摹方寸
令坦白可對天地鬼神是先於此中求真龍的穴耳
灑灑落落布衣贅筆

地理十不葬

元空之術習至精明不可輕為人卜葬蓋不當與而
與之以地是妄洩天機轉折卻己身之福祿則先師
有十不葬之說不可不知也

一素不孝悌者不葬　其人之天良久喪何不養之於
生前乃慎之於死後所謂欲得佳城以安親者實欲
謀吉壞以佑身耳如此等人而徇之言地理先已不
知天理矣

二積世怙惡者不葬　居鄉而至積世怙惡其所損陰
隲不知九幾其不絕滅者己屬萬幸劃敢逆天而與

之以地耶

三身為不善者不葬 世如土豪訟棍肆惡致富亦思
圖謀風水為永遠之計此乃人面獸心之流倘與之
地以何以彰天討而為世戒

四心術不測者不葬 官家世族根基非不深厚至於
存心或貪黷酗淫或陰險刻毒外貌雖善文飾內實
為富不仁是心地已壞陰地何可得哉

五出身下賤不葬 或為廝僕或為隸卒或為娼優(者)
嘗有擁貲居積重幣相邀者試思其財如何而來徒
污我名若使得地則良賤又何�耶

六古墳舊墓者不葬　恒有無知之人覦覬無主古墳
或人家舊墓之傍以為尚有餘穴因之破塚毀壙而
葬似此傷天害理之事決不為能也

七私用公山者不葬　人有誤信庸師之言欲於已葬
老墳側近以私墳加葬不特公共之墳下人丁不依
而驚動地下之人於心何忍

八來歷不明者不葬　酷嗜風水之家遇人不賣之山
多方謀幹串買成交往〻興訟釀命似此等事謝絕

不住並勸令勿為

九信任不專者不葬　元空家看地所棄取與諸家之

用法迥乎不同其立向消水亦大相懸隔若其人朝
信此而暮信彼者必有矛盾不可徃也

十 接待無禮者不藝　今人送子入塾就師尚知具衣〔入〕
冠備贄敬足恭盡禮而猶惴惴焉謂不如此恐不盡
心教吾子也獨於求師藝親或便道相邀或避逅盡
約或片語投機即面求指地直以市儈待之推原其
故皆無業游民毫無學術望門求售相習成風故富
豪家竟忘其教子之與藝親孰為輕重吾道每於德
行不足之人尚不輕施其技況并禮貌俱無者縱以
千金為餌亦難徃也

地理之學盡是人力勝天之事故巨室豪門不思積德

行仁而轉務尋地蓋十人而九則青囊萬卷祇為造惡

之津梁幸有古師委誠直與神祇賞善罰惡之權同歸

一轍所望預聞斯道敬守而慎行之可耳達菴馬清鶚記

試驗地師說

夫人生二六時中所以能居仁由義無疾痛苦惱者有

陰宅以妥其先靈有陽宅以庇其身體是陰陽二宅丞

宜講求者也然陽宅不祥人之遷移尚易若陰宅不利

棺之起動甚難在陰陽二宅未定之先其擇師為第一

要着而擇師之難情弊萬端余著辨惑百條善告天下

之為人子者勿為所惑然俗師之惑人在後其薦主之
惑人居先蓋有師之戚師之友代為標榜亦情勢所必
然又有受師一茶一飯之惠允許代為吹噓或有相約
暗中分金者更有自請之師不曾重謝而特廣為推舉
以報之者或自欲謀地先薦師於富室使師感其情酬
之以地者此為情迫為利迷不問師之本領不管人之
利害胡亂讚揚令人不行不入其轂中以受其愚皆薦
主之過也至於俗師之所以售偽術者或薄識斯文視
風鑑為衣食之捷徑或村塾失館托羅經謀升斗之生
涯顧地理之書汗牛充棟孤陋寡聞之士既不知何者

為真傳縱有高明亦仰攀不及只揀市肆之地理原真
山洋指迷等書易於通曉有能熟讀雪心賦羅經解者
即為通神之技矣試驗之法每延師至於遊山時便道
見路傍墳厯問其何年何代何房如何樣發達如何樣
替敗不得圖圖言吉籠統言凶必要還出如何吉如何
凶如此則俗師之偽術立窮有種偽術名為墳斷訣能
於墳頭拔起一草即知墳內為人老為少年為男為女
是如何死者又有一種偽術名金口訣占斷能知墳內
土色有水蟻樹根無水蟻樹根已發已敗此者小數最
易惑人其實與是地非地毫無干涉雖如此等人亦不

多見若真知玄空者登四顧龍砂向水何處得運當（炎）

何年何房主富主貴何處失運當何年何房主貧病主

天絕甚至科甲幾人斷在何時不特龍穴向水本有者

知之即使龍砂向水本無者作之可如期而應總見得

元空真實功夫今而後擇地師者易聽虛譽虛名只考

實憑實據則魑魅魍魎自無遁形矣

有此一篇文可作秦宮照膽鏡不特俗師之裏曲畢

現即其儕偶之裏曲亦無不畢現閱此卷而惑仍如

故者天下之無目者也達菴筆記

跋

余少時涉獵地理各種書見其立論紛紜甚至自相矛

盾之處余轉惑甚隨晤懷邑羅南皋先生謂三元本乎

周易仍根據儒學遂信其説留心訪求而世俗則多宗

三合者嗣至京師得交　馬君泰青其為人語妙神清

有拔俗超塵之概初未盡窺其內蘊也今越廿餘年余

偶以他事來城復晤　泰青乃出自著地理辨惑一部

受而讀之尋繹數過大意以形勢為體理氣為用所謂

體用即陰陽動靜之處元運往來之憑山水相見之真

機洞悉體用則衰旺生死瞭如指掌以此決人家墳宅

吉凶禍福自無不驗尋龍點穴立向消水自無不利所

有問答一百條獨具卓見蓋三合之扦葬重在局只分

局之吉凶不拘運皆可葬三元之扦葬重在運只辨何

運之衰旺不拘何局皆可扦試以人事考之二家之優

劣自見特筆誌之以世之同好不更信而無惑乎

同治丙寅歲嘉平月下浣笠亭氏龍炳拜跋

此書原本刊本因現在各界書局並無翻印出版難購

置恐後失傳再此書亦三元家之模範故余得之錢師

藏本求而抄錄但字體不佳柳有寫悞望後之君子諒

馬 民國歲在壬午時維中秋前東村胡靜思謹識

一

編號	類別	書名	作者	說明
32		命學探驪集	[民國]張巢雲	發前人所未發
33		澹園命談	[民國]高澹園	稀見民初子平命理著作
34		算命一讀通——鴻福齊天	[民國]不空居士、覺先居士合纂	稀見民初子平命理著作
35		子平玄理	[民國]施惕君	源自元代算命術
36		星命風水秘傳百日通	題【晉】鬼谷子王詡	稀見清代批命斷語及活套
37		命理大四字金前定		
38		命理斷語義理源深	心一堂編	
39－40		文武星案	【明】陸位	失傳四百年《張果星宗》姊妹篇　千多星盤命例　研究命學必備
41	相術類	新相人學講義	[民國]楊叔和	失傳民初白話文相術書
42		手相學淺說	[民國]黃龍	民初中西結合手相學經典
43		大清相法	心一堂編	
44		相法易知	心一堂編	重現失傳經典相書
45		相法秘傳百日通	心一堂編	
46	堪輿類	靈城精義箋	[清]沈竹礽	
47		地理辨正抉要	[清]沈竹礽	
48		《玄空古義四種通釋》《地理疑義答問》合刊	沈瓞民	沈氏玄空遺珍
49		《沈氏玄空吹虀室雜存》《玄空捷訣》合刊	[民國]申聽禪	玄空風水必讀
50		漢鏡齋堪輿小識	[民國]查國珍、沈瓞民	
51		堪輿一覽	[清]孫竹田	失傳已久的無常派玄空經典
52		章仲山挨星秘訣（修定版）	[清]章仲山	章仲山無常派玄空珍秘
53		臨穴指南	[清]章仲山	門內秘本首次公開
54		章仲山宅案附無常派玄空秘要	心一堂編	沈竹礽等大師尋覓一生未得之珍本！
55		地理辨正補	[清]朱小鶴	玄空六派蘇州派代表作
56		陽宅覺元氏新書	[清]元祝垚	簡易·有效·神驗之玄空陽宅法
57		地學鐵骨秘 附 吳師青藏命理大易數	[民國]吳師青	釋玄空廣東派地學之秘
58－61		四秘全書十二種（清刻原本）	[清]尹一勺	玄空湘楚派經典本來面目 有別於錯誤極多的坊本

類別	編號	書名	作者	提要
占筮類	121	卜易指南（二種）	【清】張孝宜	民國經典，補《增刪卜易》之不足
	122	未來先知秘術——文王神課	【民國】張了凡	內容淺白、言簡意賅、條理分明
星命類	123	人的運氣	汪季高（雙桐館主）	五六十年香港報章專欄結集！
	124	命理尋源		
	125	訂正滴天髓徵義		
	126	滴天髓補註 附 子平一得	【民國】徐樂吾	民國三大子平命理家徐樂吾必讀經典！
	127	窮通寶鑑評註 附 增補月談賦 四書子平		
	128	古今名人命鑑		
	129-130	紫微斗數捷覽（明刊孤本）[原（彩）色本] 附 點校本（上）(下)	組整理 馮一、心一堂術數古籍整理編校小	明刊孤本 首次公開！
	131	命學金聲	【民國】黃雲樵	民國名人八字、六壬奇門推命
	132	命數叢譚	【民國】張雲溪	子平斗數共通、百多民國名人命例
	133	定命錄	【民國】張一蟠	民國名人八十三命例詳細生平
	134	《子平命術要訣》《知命篇》合刊	撰 【民國】鄒文耀、【民國】胡仲言	《子平命術要訣》科學命理；《知命篇》易理皇極、命理地理、奇門六壬互通
	135	科學方式命理學	閻德潤博士	匯通八字、中醫、科學原理！
	136	八字提要	韋千里	民國三大子平命理家韋千里必讀經典！
	137	子平實驗錄	【民國】孟耐園	作者四十多年經驗 占卜奇靈 名震全國！
	138	民國偉人星命錄	【民國】囂囂子	幾乎包括所民國總統及國務總理八字！
	139	千里命鈔	韋千里	失傳民初三大命理家韋千里代表作
	140	斗數命理新篇	張開卷	現代流行的「紫微斗數」內容及形式上深受本書影響
	141	哲理電氣命數學——子平部	【民國】彭仕勛	命局按三等九級格局、不同術數互通借用
	142	《人鑑——命理存驗·命理撷要》（原版足本）附《林庚白家傳》	【民國】林庚白	傳統子平學修正及革新、大量名人名例
	143	《命學苑刊——新命》（第一集）附《名造評案》《名造類編》等	【民國】林庚白、張一蟠等撰	史上首個以「唯物史觀」來革新子平命學結集
相術類	144	中西相人探原	【民國】袁樹珊	按人生百歲，所行部位，分類詳載
	145	新相術	【美國】字拉克福原著、【民國】沈有乾編譯	通過觀察人的面相身形、色澤舉止等，得知性情、能力、習慣、優缺點等
	146	骨相學	【民國】風萍生編著	結合醫學中生理及心理學，影響近代西日、中相術深遠
	147	人心觀破術 附運命與天稟	著·【日本】管原如庵、加藤孤雁原著·【民國】唐真如譯	觀破人心、運命與天稟的奧妙

編號	類	書名	作者	說明
148		《人相學之新研究》《看相偶述》合刊	[民國]盧毅安	集中外大成，無不奇驗；影響近代香港相術
149		冰鑑集	[民國]碧湖鷗客	各家相法精華、相術捷徑、圖文並茂附名人照片
150		《現代人相百面觀》《相人新法》合刊	[民國]吳道子輯	失傳民初相學經典二種 重現人間！
151		性相論	[民國]余晉龢	民初北平公安局專論相學與犯罪專著（犯罪學大家韋千里作序）
152		《相法講義》《相理秘旨》合刊	韋千里、孟瘦梅	命理學大家韋千里經典、傳統相術秘籍精華
153		《掌形哲學》附《世界名人掌形》《小傳》	[民國]余萍客	圖文並茂，附歐美名人掌形圖及生平簡介
154	堪輿類	觀察術	[民國]吳貴長	可補充傳統相術之不足
155		羅經消納正宗	[明]沈昇撰、[明]史自成、丁…	失傳四庫存目珍稀風水古籍
156		風水正原	[清]余天藻	●●積德為求地之本，形家必讀！
157		安溪地話（風水正原二集）	傳[清]蔣大鴻等	純宗形家，與清代欽天監地理風水主張大致相同
158		《蔣子挨星圖》附《玉鑰匙》		窺知無常派章仲山一脈真傳奧秘
159		樓宇寶鑑	吳師青	陽宅風水必讀、現代城市樓宇風水看法改革
160		《香港山脈形勢論》《如何應用日景羅經》合刊		香港風水山脈形勢專著
161		三元真諦稿本——讀地理辨正指南	[清]唐南雅	被譽為蔣大鴻、章仲山後第一人，內容直接了當，盡揭三元玄空家之秘
162		三元陽宅萃篇	[民國]高守中 [民國]王元極	玄空必讀經典！附《仲山宅斷》幾種鈔本及批點本、畫龍點晴、披肝露膽
163		王元極增批地理冰海 附 批點原本地理冰海	[民國]王元極	極之清楚明白，披肝露膽
164		地理辨正發微	[清]沈竹礽	刊印本未點破的秘訣 圖文并茂：龍、砂、穴、水、星辰九十九
165–167		增廣沈氏玄空學 附 仲山宅斷秘繪稿本三種、自得齋地理叢說稿鈔	珊增訂、批注 [清]尹貞夫原著、[民國]何廷…	變！洩漏天機：蔣大鴻、賴布衣挨星秘訣及用法
168–169		巒頭指迷（上）（中）（下）	[清]	
170–171		三元地理真傳（兩種）（上）（下）	[清]趙文鳴	本及批點本、宅墓案三十八圖，並附天星擇日
172		三元宅墓圖 附 家傳秘冊	[民國]尤惜陰（演本法師）、榮…柏雲	撮三集《宅運新案》之精要
173		宅運撮要		
174		章仲山秘傳玄空斷驗筆記 附 章仲山斷宅圖註	[清]章仲山傳、[清]唐鷺亭纂	章仲山無常派玄空不外傳秘中秘！二宅實例有斷
175		汪氏地理辨正發微 附 地理辨正真本	汪云吾發微 [清]蔣大鴻、[清]姜垚原著、[清]	蔣大鴻嫡派張仲馨一脈三元理、法、訣具
176		蔣大鴻家傳歸厚錄汪氏圖解	[清]蔣大鴻原著、[清]汪云吾圖解	體泄露！蔣大鴻嫡派張仲馨一脈三元理、法、訣具
177		蔣大鴻嫡傳三元地理秘書十一種批注	吾、[清]劉樂山註 [清]蔣大鴻原著、[清]汪云	蔣大鴻嫡派張仲馨三百年來最佳《地理辨正》註解！石破天驚！

三